事業再生研究叢書17

中小企業の事業承継と事業再生

事業再生研究機構［編］

商事法務

はしがき

　本書は、当事業再生研究機構が、2018年5月26日に行った「中小企業の事業承継と事業再生」をテーマとするシンポジウムの内容をとりまとめたものである。このテーマを選んだ理由は、中小企業の事業承継がわが国のきわめて重大な社会的・経済的課題となっていることに加え、事業承継が事業再生と深い関連性を有することによる。

　このシンポジウムに先立ち、当事業再生研究機構では、「中小企業の事業承継と事業再生研究会」を組織した。この研究会では、中小企業事業引継ぎ支援全国本部・中小企業再生支援全国本部の関係者、金融機関関係者、信託・中小企業支援・中小企業事業承継税制に専門的知見を有する弁護士・公認会計士・税理士、事業再生の研究者など幅広い分野の専門家がメンバーとなり、それぞれの立場からの興味深い発表を踏まえて、活発な議論が展開された。研究会が開催された回数は、2017年5月から13回にも及ぶ。

　本シンポジウムは、この研究会メンバーの多くが登壇し、研究会内での発表や活発な議論を踏まえて開催されたものである。このように考えると、本書は、当該研究会での発表や議論の成果物ということもできる。

　本書は、第1部「事業承継の実務」をテーマとしたパネルディスカッション、第2部「中小企業の事業再生の今後」をテーマとした個別報告、第3部「本シンポジウムによせて」から構成されている。

　第1部のパネルディスカッションは、大きく2つに分かれ、Part1では、①事業承継の現状と手法と②事業承継に関わる税務問題(事業承継税制)について、Part2では、③事業承継と事業再生の連携または中間的手法の必要性と④事業承継・事業再生円滑化にむけた経営者保証ガイドラインの活用について、各分野の専門家であるパネリストから貴重な報告がなされた。

はしがき

　Part1 では、まず、事業承継の問題の重要性を認識するために、わが国の中小企業数は 380 万社超（2014 年）であるが、それら企業の経営者の高齢化が進み、今後 10 年間で 70 歳を超える経営者は 245 万人に達し、このうち 127 万人が後継者未定の状況にあるという現状の紹介があり、その後継者対策（事業承継対策）として、「事業承継ガイドライン」、「信託の活用事例とメリット・意義」、「事業引継ぎ支援センターの動きと活用」、「金融機関から見た事業承継や事業再生」、「事業承継税制の適用要件や留意点」が報告された。

　Part2 では、過剰債務を負う中小企業が事業再生を進める状況で事業承継（スポンサーの選定や経営者交代）が行われる実態や、事業承継の検討過程で当該中小企業に過剰債務が発見されて事業再生が必要になる実態もあるとの観点から、事業承継と事業再生とが密接に関連することが紹介され、それを受けて、両者の連携や中間的手法の必要性が報告された。加えて、事業承継と事業再生を円滑に進めるにあたって支障となるおそれのある経営者の保証問題について、その解決に向けての「経営者保証ガイドラインの活用」について議論された（ここでは、座長として経営者保証ガイドラインの策定に関わった経緯から、私自身も議論に参加した）。

　第 2 部では、1「中小企業版私的整理ガイドライン」の提言、2 私的整理から法的整理への連続性の、2 つの個別報告がなされた。

　前者では、① 大企業を想定している私的整理ガイドライン、② 個人版私的整理ガイドライン、③ 経営者保証ガイドラインという事業再生関連のガイドラインの整備状況を踏まえて考えると、中小企業と金融機関との日頃の付き合いのあり方や債務整理に関して規定するガイドラインが未整備であるとして、そのガイドラインの策定が提言された。

　後者においては、産業競争力強化法の改正（2018 年 5 月 16 日改正・同年 7 月 9 日施行）を受けて、私的整理たる事業再生 ADR から法的整理に移行した場合の商取引債権の取扱いというタイムリーな内容と、法的

整理に移行した場合において、先行する私的整理での計画案との同一性を維持するための対応策の発表がなされた。

　第3部では、第1部・第2部の報告を受けて、2人の研究者（中島弘雅教授と当事業再生研究機構代表理事の松下淳一教授）から総括としての意見をいただくとともに、シンポジウム終了後に回収した参加者アンケートの内容を紹介しつつ、当事業再生研究機構としての今後に向けての取組みを示した。

　このように本書は、その内容が盛りだくさんで、法律論のみならず、税務や金融に関する論点をバランスよく取り上げているものであり、そのすべてがそれぞれの分野の実務に精通している専門家によって発表されている。加えて、当日のシンポジウムにおいては時間の関係から省かざるをえなかった内容を補充し、参考資料も添付し、それぞれについての最先端の論点を理解できるようになっている。

　本書が、「中小企業の事業承継と事業再生の実務」を検討するにあたって、必読の1冊として、それらの実務の進化に貢献するものと確信している。

　最後に、「中小企業の事業承継と事業再生研究会」のメンバーの方々と、迅速な出版に尽力いただいた根生美由紀氏をはじめとする株式会社商事法務の方々に感謝申し上げる。

2018年11月

事業再生研究機構代表理事
弁護士　小林信明

目　次

第1部　パネルディスカッション「事業承継の実務」

パネルディスカッション　Part1

1　事業承継の現状と手法　　2

〈司会〉　　　　　　　　　　　　　　　　　弁護士　三森　　仁
　　　　　　　　　　　　　　　　　　　　　弁護士　富永　浩明
〈パネリスト〉　中小企業事業引継ぎ支援全国本部プロジェクトマネージャー　宇野　俊英
　　　　　　　　弁護士／ほがらか信託㈱常務執行役員　金森　健一
　　　　　　　　埼玉りそな銀行執行役員　獅子倉基之

1　現状分析 ———————————————————— 4
　(1)　中小企業の経営者の高齢化等………………………… 4
　(2)　事業承継の円滑化の留意点等………………………… 13
2　事業承継ガイドラインおよびその他の制度 ———— 19
　(1)　事業承継ガイドライン………………………………… 19
　(2)　信託の活用事例とメリット・意義…………………… 32
3　事業引継ぎ支援センターの動きと活用 ——————— 42
　(1)　取組み実績……………………………………………… 42
　(2)　手続の流れ……………………………………………… 45
　(3)　データベース構築とマッチング……………………… 47
4　金融機関から見た事業承継や事業再生 ——————— 49
　(1)　認識……………………………………………………… 49
　(2)　留意点…………………………………………………… 50
　(3)　参考事例と問題点等…………………………………… 50
5　財務再構築を伴う事業承継が少ない理由等 ————— 52

目次

② 事業承継に関わる税務問題（事業承継税制） 54

〈司会〉　　　　　　　　　弁護士　　富永　浩明
　　　　　　　　　公認会計士・税理士　　植木　康彦
〈パネリスト〉　　　　　　　税理士　　渡邉美由紀
　　　　　　　　　公認会計士・税理士　　呉我　春彦

1　事業承継と事業再生の関係 —————————— 55
2　事業承継と税の関係 ———————————— 56
3　事業承継税制の改正点 ——————————— 58
4　新事業承継税制の適用要件 ————————— 62
　(1)　適用開始時の要件（入口要件）……………………64
　　①　先代経営者＝贈与者としての要件　64／②　後継者＝受贈者としての要件　64／③　会社としての要件　66
　(2)　適用開始後に遵守すべき要件（事後要件）……………68
　　①　経営承継期間（5年間）に遵守すべき要件　68／②　経営承継期間（5年間）経過後に遵守すべき要件　69
5　利用の流れ ————————————————— 69
6　新事業承継税制を利用する場合の留意点 ———— 75
　(1)　改正後事後要件に注意……………………………75
　　①　相続時精算課税の適用　75／②　持株会社化　76
　(2)　後継者コントロール ……………………………76
　(3)　事業承継税制ありきでは、うまくいかない………76
　(4)　新事業承継税制と他の税制との使い分けまたは組合せ……77
　(5)　しっかりとした事業承継計画を作る……………77

パネルディスカッション　Part2

③ 事業承継と事業再生の連携または中間的手法の必要性 92

〈司会〉　　　　　　　　　　　　　　弁護士　　富永　浩明
〈パネリスト〉　　　　　　　　　　　　弁護士　　加藤　寛史
　　　　　　中小企業事業引継ぎ支援全国本部プロジェクトマネージャー　　宇野　俊英
　　　　　　　　　　　　　埼玉りそな銀行執行役員　　獅子倉基之

1　支援協議会案件における事業承継（親族承継）の状況 —— 92

2 代表者交代と保証契約——経営者保証ガイドラインの活用実績 ——94
3 事業再生の現状 ——103
4 事業引継ぎ支援センター処理における課題等 ——104

4 事業承継・事業再生円滑化にむけた経営者保証ガイドラインの活用 ——110

〈司会〉 弁護士 富永 浩明
弁護士 小林 信明
〈パネリスト〉 弁護士 髙井 章光

1 経営者保証ガイドラインの規定 ——111
(1) 経営者保証ガイドライン第6項について …… 111
(2) ガイドライン適用の状況 …… 114

2 経営者保証ガイドラインのさらなる活用と課題 ——116
(1) 新経営者の保証引継ぎが相当な場面 …… 116
　① 旧経営者の保証がある場合の新経営者の保証　119／② オーナーチェンジの場合の新経営者の保証　119
(2) 旧経営者の保証解除の場面 …… 120
　① オーナーチェンジの場合の旧経営者の保証　125／② オーナーチェンジがなされていない場合の旧経営者の保証　126
(3) 事業承継の場面と事業再生が交錯するような場合 …… 127
　① 事業承継前に事業再生を実施した後の保証の取扱い　127／② 事業再生後に事業承継を行う場合の保証の取扱い　128／③ 債務超過企業の事業承継時のガイドライン第6項の取扱い　128

第2部 「中小企業の事業再生の今後」

個別報告1 「中小企業版私的整理ガイドライン」の提言 *152*

中小企業再生支援全国本部顧問　藤原敬三

- I　はじめに …………………………………………………… *152*
- II　私的整理ガイドラインの潮流 …………………………… *154*
  - 1　私的整理ガイドライン成立の背景 ──────── *155*
  - 2　「私的整理ガイドライン」における中小企業の位置づけ
     ──────────────────────── *156*
  - 3　支援協手続を通しての私的整理手続に関する分析 ── *157*
    - (1)　支援協利用企業の生存確率等 ………………………… *157*
    - (2)　私的整理手続をさらに整備する必要性 ……………… *160*
  - 4　事業再生関連ガイドラインの整備状況 ─────── *163*
    - (1)　私的整理ガイドラインと中小企業 ……………………… *163*
    - (2)　個人版私的整理ガイドラインと中小企業 …………… *165*
    - (3)　経営者保証ガイドラインと中小企業 ………………… *165*
  - 5　「中小企業版私的整理ガイドライン」の提言 ─── *166*
    - (1)　新ガイドラインの必要性 …………………………… *166*
    - (2)　新ガイドラインに求めるもの ……………………… *168*
    - (3)　新ガイドラインの基本的方向（私案） …………… *168*
  - 6　まとめ ──────────────────── *170*
- III　最後に ……………………………………………………… *170*

個別報告2 私的整理から法的整理への連続性

1 事業再生ADR関係の産業競争力強化法改正について *200*

弁護士　富永浩明

- I　商取引債権に関する考慮規定 ─────────── *200*
  - 1　商取引債権に関する考慮規定の概要 ────── *200*

(1)　はじめに……………………………………………………… *200*
　(2)　商取引債権に関する考慮規定と事業再生計画の実質
　　　的な多数決化………………………………………………… *201*
 2　商取引債権に関する考慮規定の具体的内容――――――*202*
　(1)　はじめに……………………………………………………… *202*
　(2)　確認規定の内容――産業競争力強化法59条………… *202*
　　　①　内容　*202* ／②　少額債権の弁済許可の要件を確認する理由
　　　203
　(3)　考慮規定の内容……………………………………………… *204*
　　　①　開始決定後の少額債権の弁済許可の段階に関する考慮の規
　　　定　*204* ／②　保全処分の例外の対応に関する考慮規定　*205* ／
　　　③　再生計画等での保護に関する考慮規定　*207*
Ⅱ　立法に至る経緯……………………………………………… *208*
 1　概要――――――――――――――――――――――――*208*
 2　商取引債権の保護に関する考慮規定ができた背景
　　――一部の債権者の反対―――――――――――――*209*
　(1)　私的整理と私的整理の公正性および衡平性の確保
　　　――準則型私的整理………………………………………… *209*
　(2)　全員同意と私的整理の公正性および衡平性の確保 ……… *210*
　(3)　私的整理と多数決…………………………………………… *211*
　　　①　憲法問題　*211* ／②　簡易再生手続の運営改善モデル　*212*
　(4)　簡易再生手続の運営改善モデルについて ……………… *212*
　　　①　概要　*212* ／②　簡易再生　*213* ／③　具体的な手続　*213*
　(5)　簡易再生手続の運営改善モデルと商取引債権に関する
　　　考慮規定……………………………………………………… *214*
　　　①　事業再生ADRの事業再生計画と簡易再生の再生計画の同一
　　　性　*214* ／②　事業再生ADRの対象債権と簡易再生の対象債権の
　　　違い　*215* ／③　対象債権の同一性と商取引債権に関する考慮規
　　　定　*216* ／④　事業価値維持の観点からも商取引債権に関する考
　　　慮規定は重要　*216*

目 次

2 **法的整理への連続性からみた私的整理計画案の問題点** *219*
　　　　　　　　　　　　　　　　　　　　　弁護士　多比羅誠
　1　はじめに ————————————————————— *219*
　2　私的整理計画案を法的整理計画案に転用する場合の
　　　問題点 ————————————————————— *220*
　　　(1)　登記留保担保 ·· *220*
　　　(2)　リース債権 ··· *220*
　　　(3)　物上保証による弁済充当の時期 ···························· *221*
　　　(4)　保証の有無を問わない経営者の私財による弁済 ········ *221*
　　　(5)　DDSの取扱い ·· *221*
　3　対応策 ————————————————————— *222*

第3部　本シンポジウムによせて

コメント　**本日のシンポジウムの意義と課題**　　　　　　*226*
　　　　　　専修大学法学部教授・慶応義塾大学名誉教授　中島弘雅

総　括　**閉会の辞**　　　　　　　　　　　　　　　　　　*231*
　　　　　　　　　　東京大学大学院法学政治学研究科教授　松下淳一

その後　**シンポジウムを終えて**　　　　　　　　　　　　*233*
　　事業再生研究機構代表理事／東京大学大学院法学政治学研究科教授　松下淳一
　　　　　　　　　　　　　　事業再生研究機構代表理事／弁護士　小林信明
　1　アンケートの結果の概要 ———————————————— *233*
　2　今後に向けて ————————————————————— *234*

＜資料＞
事業再生研究機構とは　　*235*
機構主催シンポジウム一覧　　*237*
事業再生研究機構編書一覧　　*238*

第1部

パネルディスカッション 「事業承継の実務」

第1部　パネルディスカッション「事業承継の実務」

パネルディスカッション　Part1

1 事業承継の現状と手法

〈司会〉　　　　　　　　　　　　　　　　　　　弁護士　三森　　仁
　　　　　　　　　　　　　　　　　　　　　　　弁護士　富永　浩明
〈パネリスト〉　中小企業事業引継ぎ支援全国本部プロジェクトマネージャー　宇野　俊英
　　　　　　　弁護士／ほがらか信託㈱常務執行役員　金森　健一
　　　　　　　埼玉りそな銀行執行役員　獅子倉基之

（法人名・役職などはシンポジウム開催当時）

三森（司会）　これより、第1部パネルディスカッション「事業承継の実務」に入りますが、ここからの司会進行は富永浩明先生にお願いしたいと思います。
　それでは富永先生、登壇者の皆さま、よろしくお願いします。
富永（司会）　本日はシンポジウムに多数ご参加いただきありがとうございます。
　第1部の司会進行を務めさせていただきます弁護士の富永と申します。よろしくお願いいたします。
　本日検討していきます事項については、「検討項目」としてまとめておりますので、**【資料1】**をご参照ください。
　また、パネルディスカッションの進行ですが、前後半でパートを分け、それぞれに2つずつの内容、すなわち、Part1で①事業承継の現状と手法、②事業承継に関わる税務問題を、Part2で③事業承継と事業再生の連携または中間的手法の必要性

三森　仁氏

と、4 事業承継・事業再生円滑化にむけた経営者保証ガイドラインの活用を取り上げ、それぞれのパートのご登壇者で議論していく予定です。

【資料1】

```
             パネルディスカッション「事業承継の実務」
                         【検討項目】

1  事業承継の現状と手法
  1  現状分析
  2  事業承継ガイドラインおよびその他の制度
  3  事業引継ぎ支援センターの動きと活用
  4  金融機関から見た事業承継や事業再生
  5  財務再構築を伴う事業承継が少ない理由等

2  事業承継に関わる税務問題（事業承継税制）
  1  事業承継と事業再生の関係
  2  事業承継と税の関係
  3  事業承継税制の改正点
  4  新事業承継税制の適用要件
  5  利用の流れ
  6  新事業承継税制を利用する場合の留意点

3  事業承継と事業再生の連携または中間的手法の必要性
  1  支援協議会案件における事業承継（親族承継）の状況
  2  代表者交代と保証契約──経営者保証ガイドラインの活用実績
  3  事業再生の現状
  4  事業引継ぎ支援センター処理における課題等

4  事業承継・事業再生円滑化にむけた経営者保証ガイドラインの活用
  1  経営者保証ガイドラインの規定
  2  経営者保証ガイドラインのさらなる活用と課題
```

第1部　パネルディスカッション「事業承継の実務」

1　現状分析

(1)　中小企業の経営者の高齢化等

富永　まず、事業承継の現状について、中小企業事業引継ぎ支援全国本部プロジェクトマネージャーの宇野様に伺います。

　中小企業の経営者の高齢化が進んでいるとよく耳にしますが、実態はどのような状況でしょうか。また、地方と都会で違いがあるでしょうか。

宇野　宇野でございます。

　まず、昨今、中小企業の事業承継が話題に取り上げられているという点に関し、日

富永浩明氏

本全国の企業数の99％、従業員数で70％を占めているのが中小企業で、中小企業は日本経済の付加価値の源泉の1つです。その中小企業が、望まざる休廃業で急激に減少しています。

　【資料2】のグラフをご覧ください。1999年に、中小企業は483万社あったと報告されております。その15年後の2014年には381万社と、15年の間に100万社以上減っているというのが総数の実績です。特に2009年から2014年の間には、39万社とかなり大きな減少になっていることが、このグラフでおわかりいただけると思います。

　それでは、中小企業が減少している原因は何なのか。これについては、【資料3】をご覧ください。

　純減の1つの理由はよくご存じだと思いますが、単純に減っているわけではなくて、この間に創業・起業があります。一般に倒産が多いという認識がされているところ、ここに詳しい数字はあげていませんが、実はその3倍以上の休廃業があることが報告されております。そして、その休廃業の主たる原因が後継者不足であることが判明しています。

[資料 2]

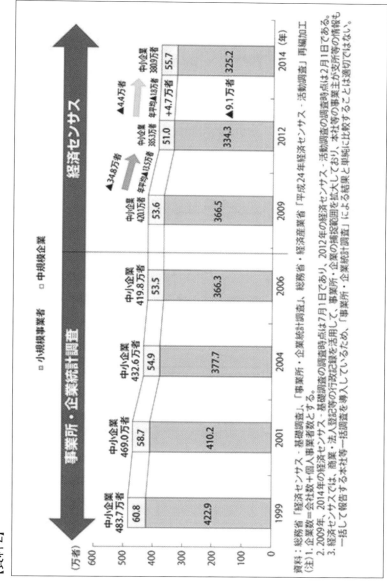

第1部 パネルディスカッション「事業承継の実務」

【資料3】

中小企業経営者の高齢化による廃業が深刻に

◆ 今後10年の間に、70歳(平均引退年齢)を超える中小企業・小規模事業者の経営者は約245万人となり、うち約半数の127万(日本企業全体の約3割)が後継者未定。
◆ 現状を放置すると、中小企業廃業の急増により、2025年頃までの10年間累計で約650万人の雇用、約22兆円のGDPが失われる可能性※。特に地方において、後継者問題は深刻。

※ 2025年までに経営者が70歳を越える法人の31%、個人事業者の65%が廃業すると仮定。雇用者は2009年から2014年までの間に廃業した中小企業で雇用されていた従業員数の平均値(5.13人)、付加価値は2011年度における法人・個人事業主1者あたりの付加価値をそれぞれ使用(法人:6,065万円、個人:526万円)。

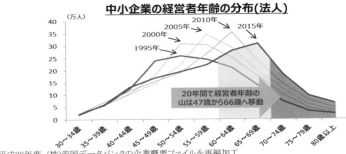

中小企業の経営者年齢の分布(法人)

平成28年度 (株)帝国データバンクの企業概要ファイルを再編加工

中小企業・小規模事業者の経営者の2025年における年齢

このうち約半分が後継者未定

70歳未満(約136万人)　70歳以上(約245万人)

平成28年度総務省「個人企業経済調査」、平成28年度(株)帝国データバンクの企業概要ファイルから推計

1 事業承継の現状と手法

◆ 事業承継問題の解決なくして、地方経済の再生・持続的発展なし

特に地方において経営者の高齢化は深刻
60歳以上の経営者割合(法人)

1	秋田県	66.7%
2	島根県	62.8%
3	佐賀県	60.9%
4	北海道	60.3%
5	茨城県	58.9%

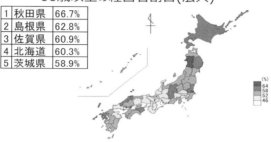

(出典)東京商工リサーチのデータを再編・加工
※3カ年以上財務情報があり、黒字の企業におけるデータ

全国各地の産地において後継者不在による倒産・廃業が進展
産地における倒産・廃業の理由(複数回答)

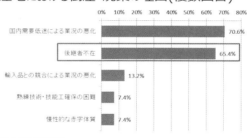

理由	割合
国内需要低迷による業況の悪化	70.6%
後継者不在	65.4%
輸入品との競合による業況の悪化	13.2%
熟練技術・技能工確保の困難	7.4%
慢性的な赤字体質	7.4%

(出典)日本総研株式会社委託調査
※全国578の産地を対象にし、263の産地(西陣織 益子焼、川口鋳物等)からの回答を元に調査。

次に、経営者の高齢化の状況についてですが、【資料4】のグラフを見ていただくと、1995年には47歳であった経営者のメイン層が、20年後の2015年には66歳でプラス19歳という状況になっています。つまり、20年間で19歳右にシフトしていることになるので、経営者層の年齢はほとんど変化がないという状況がおわかりいただけると思います。

【資料4】

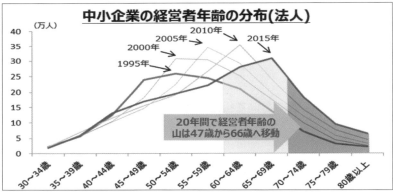

出典：平成28年度㈱帝国データバンクの企業府概要ファイルを再編・加工。

宇野 一方で、経営者の引退年齢については、一般的には中堅企業で67歳、小規模企業でも70歳といわれています。

 そうなると、66歳であればこの時点で、小規模企業であってもあと4年で経営者の交代をしなければいけないわけです。また、経済産業省の試算では、今後10年間で70歳になる経営者が245万人発生することが示されています。つまり、245万人が70歳になり、このうち127万人が後継者未定ということです。

 そうしますと、これだけの数の後継者不足による廃業・休業が起こり中小企業の数が減ることが推定される現状に鑑みて、事業承継の問題が大変クローズアップされているという状況かと思います。

さらに、休廃業が増えることにより、10年間で雇用が失われる人数が650万人、GDPで22兆円という巨額な損失が起きる可能性があることもあわせて試算されているところです。

地方と都会というお話もございましたが、特に地方において経営者の高齢化は深刻です。【資料3】には、1位の秋田県から5位の茨城県まで掲げられていますが、特に

宇野俊英氏

秋田県では66.7％、実に3分の2が60歳以上であり、地方についてはさらに大変な課題になっているといえると思います。

富永 20年間で経営者年齢のピークが47歳から66歳に移動し、今後10年間に70歳になる経営者が245万人に達する試算という、非常にインパクトのあるご説明をいただきましたが、高齢化が進むとどのような弊害がありますでしょうか。

宇野 高齢化すると、企業の経営者のマインドが落ちると一般的にいわれております。その1つの示唆として、【資料5】をご覧ください。

経営者年齢別の売上高の直近3年間を見ると、実は高齢者よりも30歳以上40歳未満の経営者の方が、売上高の増加傾向が高いといわれています。「従業員一人当付加価値の推移」のグラフからわかるとおり、中小企業についてはなかなか厳しい状況ですが、大企業では付加価値が増えており、生産性の差も拡大傾向にあります。

また、円グラフ「休廃業企業における経常黒字比率」では、黒字が約半数で、ここから、実は休廃業している企業は業績が悪いから休廃業しているわけではないことが見て取れることと思います。

【資料5】

事業承継の推進は生産性向上に資する

◆ 中小企業は製造業、非製造業とも、労働生産性があまり向上していない。大企業との生産性の差も拡大傾向。
◆ 事業承継によって経営者が若返ることにより、企業活力が向上し、生産性向上に繋がる。
◆ 経営状態の良い企業、生産性の高い企業を集中的に支援することで、産業全体の生産性向上を実現可能。

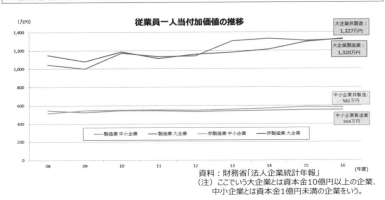

◆ **経営者年齢別の売上高(直近3年間)をみると、若い経営者層では、売上高が増加する傾向**

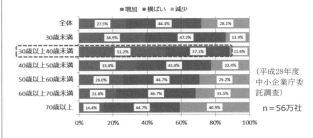

(平成28年度中小企業庁委託調査)

n＝56万社

1 事業承継の現状と手法

◆ 廃業企業の中にも、黒字企業は半数存在。また売上高が大きく、地域の中核になっているような企業も、後継者難に直面

休廃業企業における経常黒字比率

n=2,359

赤字 50.9%　黒字 49.1%

平成28年度 東京商工リサーチ調査を再編・加工

◆ 廃業企業の半分は生産性が高く、企業の廃業が中小企業全体の生産性も押し下げてしまっている

廃業効果の内訳

2009-2013年の廃業効果 ▲0.6%

51.1% 後継者不足等による廃業の可能性

廃業効果：廃業企業の生産性が業種の平均より低い場合、廃業効果はプラスとなり、
　　　　　廃業企業の生産性が業種の平均より高い場合、廃業効果はマイナスとなる。

第1部　パネルディスカッション「事業承継の実務」

【資料6】

後継者難による廃業の可能性

○60歳以上の経営者のうち、50％超が廃業を予定しており、特に個人事業者においては、約7割が「自分の代で事業をやめるつもりである」と回答している。
○廃業の理由としては、「当初から自分の代でやめようと思っていた」が38.2％で最も多く、「事業に将来性がない」が27.9％で続く。また、「子供に継ぐ意思がない」、「子供がいない」、「適当な後継者が見つからない」との後継者難を理由とする廃業が合計で28.6％を占めている。

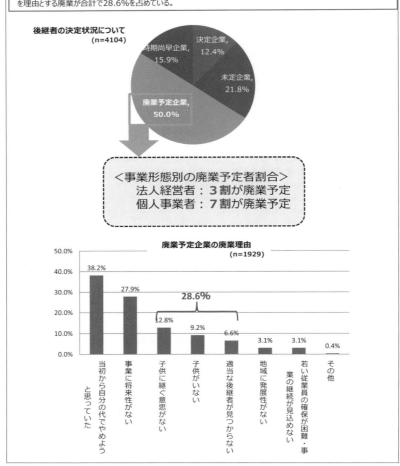

出典：2016年2月　日本政策金融公庫総合研究所「中小企業の事承継に関するインターネット調査」を再編・加工。

1 事業承継の現状と手法

宇野　先ほど申し上げたように後継者難による廃業の方が多くなっており、さらに、【資料6】をご覧いただくと、後継者の決定していないところでは廃業予定が5割あること、「廃業予定企業の廃業理由」の棒グラフでは「子供に継ぐ意思がない」、「子供がいない」、「適当な後継者が見つからない」で約3割を占めるという状況が示されており、後継者がいないことによって黒字企業が廃業している現状がわかります。

　ですから、後継者がいないのであれば後継者を育成する方向を考えるなり、別な形で後継者をつなぐことが、当該企業のステークホルダーだけではなく地域経済活性化のためにも必要かと思います。
　実際、廃業予定企業のうち、3割が同業他社よりよい業績であると回答し、今後10年の事業の将来性についても、4割の企業が現状維持以上の業績は可能と回答しています（【資料7】）。このような企業ですら廃業を予定しているというのが現状です。

富永　いまのご説明で、廃業企業の中でも相当数の黒字企業があり、現状維持が可能な状況ということで、事業承継をしなければいけない重要性がよくわかりました。

(2) 事業承継の円滑化の留意点等

富永　では次に、事業承継を円滑に進める上で、どのような点に注意する必要があるのか伺います。

宇野　事業承継というのは、どの企業でも不定期ながら必ず発生する重要な経営課題であると、私どもは考えております。法人というのは当然に永続性を求められるわけですが、その経営者は人間ですので、いつかは事業承継の問題が発生します。一般的には、30年の間にはどの企業にも必ず起きる経営課題であるということを経営者が理解することです。

　ただ一方、経営者の立場からすると、回りに弱みを見せたくないとか、自分の人生を懸けてやってきたということで、なかなか次のことを考えにくいという事情もあります。

第1部 パネルディスカッション「事業承継の実務」

【資料7】

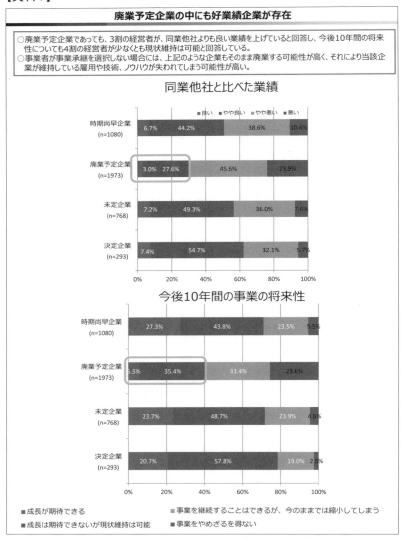

出典：2016年2月 日本政策金融公庫総合研究所「中小企業の事承継に関するインターネット調査」を再編・加工。

1 事業承継の現状と手法

【資料8】

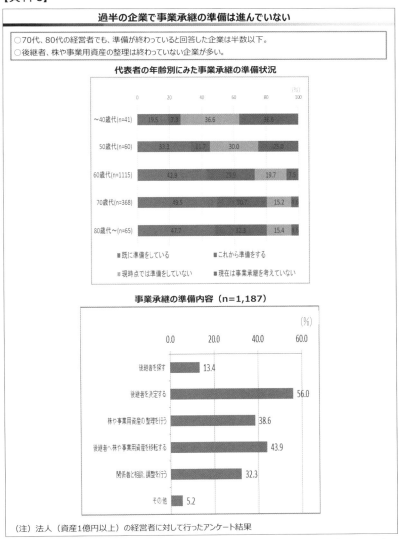

(注)法人(資産1億円以上)の経営者に対して行ったアンケート結果

出典:中小企業庁委託「中小企業における事業承継に関するアンケート・ヒアリング調査」(2016年2月、㈱帝国データバンク)を再編・加工。

第1部　パネルディスカッション「事業承継の実務」

宇野　そこで、企業の準備はどのような状況か、【資料8】をご覧ください。事業承継の準備が進んでいるか考えてみますと、過半の企業では実はあまり進んでいないということが、この2つのグラフに表れていると思います。代表者の年齢をみても、「既に準備をしている」経営者の割合は、60歳であっても42％、70歳であっても49％というような結果です。

　また、事業承継の準備内容に関しどのようなことが必要かという点については、事業承継の準備不足、後継者難への対応、それから計画的準備・シームレスな公的な支援、また税制の必要性などがここから読み取れます。

　準備期間につきましては、経営者の場合、たとえば病気・事故ひいては急逝などで準備不足の事業承継問題が表出することが散見されています。こういう場合には急きょの対処が迫られることから、事業承継がうまくいかないことが多くあります。こうした事態に陥らないためにも、経営者には早期に気づいていただく、準備していただくことが必要であろうと考えるわけです。

　気づいていただきたいことは、主に次の2点です。
　1点目は、事業承継というと、自社株や肩書きを渡せばいいと思われている方がまだまだ多いのですが、必ずしもそれに限定されません。
　たとえば、経営理念や経営者の信用・人脈等は、財務諸表には計上されませんが重要な経営資産であり、役職を引き継ぐと同時に後継者が即座に引き継ぐことは困難です。
　2点目は、これら経営資産の重要性に気がついた場合、実際に後継者育成であるとか、また後継者がおらず従業員承継またはM&Aをするには、相応な準備期間が必要だということです。
　たとえば、後継者育成に必要な期間を経営者に尋ねたところ、最多は「5年から10年は必要である」との回答でした。いかに早期着手が重要かおわかりいただけると思います。

一方、視点を経営者側に移してみますと、経営者のメンタリティーベースとして、なかなか支援者に相談できなかったという調査結果があります。支援者の側も、「経営者側のさまざまなセンシティブな問題」ということで、これまで積極的には手をつけてこなかったという現状があります。先ほど申し上げたように望まぬ廃業が常態化しつつある状況下、これを放置しておくわけにはいかないということでして、支援者の皆さま方にも積極的にご支援を進めていただければと考えています。

　中小企業の廃業が止まらない状況には、国としても危機感を持っていることから、5つの施策の方向性を打ち出しました。
　1番目は「経営者の気づきの提供」です。支援待ったなしの状況下、2017年度から、経営者に事業承継の早期準備の重要性に気づいていただくことを目的に、「事業承継診断」というツールを作り（この詳細については、後ほどご説明しますが）、5年間で25万社から30万社を対象に実施するという体制を整えつつあります。
　そのための実施スキームの第1弾として、昨年度「事業承継ネットワーク事業」を19都道府県で始めました。これを受け今年度は、国費負担で43都道府県において事業承継診断ならびに子プッシュ型事業承継高度化支援事業を実施します。これとは別に、4都道府県では、各自治体の予算で事業承継診断を実施することで、国をあげての支援体制が確立しうる状況になっております。
　2番目は「世代交代準備の支援」、具体的には後継者を確保しやすい環境の整備という点です。
　親族ですでに後継者（候補）があればいいのですが、そもそも対象となる親族がいない場合もあります。また親族に後継者候補がいる場合でも、後継者が不足している理由の1つにあげられているように、後継者（候補）から見た場合に「引き継ぎたいとは思えない」ということもあります。後継者がその企業の将来性に不安を持てば、事業承継が進捗しづらくなることはおわかりいただけると思います。

また、親族がいたとしても、残念ながら後継の適任者がいないということも増えております。この場合には、外部人材の招聘であるとかM＆Aなどで、後継者を確保することが重要かと思います。後継者がいない場合、民間支援者として弁護士、税理士等の士業の皆さまや金融機関等が考えられますが、公的機関としては、事業引継ぎ支援センターというものもあるので、こちらをご利用いただきたいと思います（支援センターについては後ほどご説明します）。
　3番目は「後継者マッチング支援の強化」です。
　事業承継については、事業価値の維持・向上が求められるわけですが、このために国としても「磨き上げ」、それから「見える化」を進めております。目的は、後継者が後を継ぎたくなるような経営状態への引上げです。この点は、事業承継ガイドラインの5つのステップ中、2番目、3番目にもあげられているところです。
　それから、具体的な事業承継計画についてですが、後継者がいる場合には、一緒に策定して円滑化を図るように進めていただければと思います。
　4番目は、「税制等の優遇の活用」を考えています。
　国としてもこれを推し進めるため、平成30年度に、期間限定で抜本的改正された事業承継税制とか、新設される事業承継補助金というものも準備していますので、対象の方がある場合には両制度とも有効に活用していただきたいと思っているところです。
富永　ありがとうございました。
　事業承継についても普通の会社のM＆Aと同じような状況だと感じました。まず、自身が承継する必要性になかなか気づかない。気づいても承継する先がなかなか見つからない。それから、自身の事業価値の維持とか「見える化」が、なかなか難しい。税務上の観点も含めて、いろいろ問題点や留意点があることがよくわかりました。

2　事業承継ガイドラインおよびその他の制度

(1)　事業承継ガイドライン

富永　では次に、事業承継を円滑に進めるという観点から、事業承継ガイドラインについて、宇野様からご説明いただきます。

宇野　事業承継ガイドラインは平成18年に発表され、これが平成28年に10年ぶりに改訂となり中小企業庁より公表されています。内容の詳細については、中小企業庁のホームページからダウンロードが可能ですのでご利用ください。

　ガイドラインの目的は、事業承継の円滑化により、中小企業の技術・ノウハウをしっかり受け継ぎ、世代交代を通じて企業の活性化に資する、ということです（【資料9】）。

　「取組の内容」、「取組の促進ツール」、「取組の促進体制」という3つの大きな柱があり、その中で、「事業承継に向けた5ステップ」が示されています（【資料10】）。

　ステップ1では、事業承継に向けた準備の必要性を経営者に認識していただく。その上でステップ2～3では、先ほど申し上げた経営状態・経営課題の把握（見える化）ならびに事業承継に向けた経営改善（磨き上げ）で、経営課題の可視化ならびにその課題解決をし、引き継ぎやすい状況を作るということが示されております。

　それを受けて、実際に後継者がいる場合には承継計画の策定、後継者がいない場合には外部招聘またはM＆Aという形でのマッチングの実施が、ステップ4です。このステップでの世代交代準備を経て、ステップ5で事業承継ならびにM&Aの実行になります。

　その後、ポスト事業承継として成長・発展過程に入っていく。これがガイドラインの大きな1つの取組みの内容です。

第1部 パネルディスカッション「事業承継の実務」

[資料9]

事業承継ガイドラインの概要

● 平成18年に事業承継協議会より発表された「事業承継ガイドライン」につき、その内容を10年ぶりに見直し、中小企業庁より公表する。

[背景]
○経営者の高齢化が進展（団塊世代の引退）
○放置すれば技術・ノウハウの喪失
○円滑な世代交代による事業の活性化にも期待

[目的]
○事業承継の円滑化により、中小企業の技術・ノウハウをしっかりと受け継ぎ、世代交代を通じた活性化を促進

　　　　　　↓

早期・計画的な取組の促進
※60歳を着手の目安とする

取組の内容

○事業承継に向けた5ステップ
1. 事業承継への準備の必要性認識
2. 経営状況等の把握（見える化）
3. 経営改善（磨き上げ）
4. 事業承継計画策定
　（親族内・従業員承継）
　　　　　　引継ぎ（社外への引継ぎ）
4. マッチング実施
5. 事業承継の実行

※この過程で生ずる諸課題に対して、公的な支援策や各種ツールを活用

取組の促進ツール

○事業承継診断の導入
▲ 事業承継に向けた早期かつ計画的な準備への着手を促すツールとして、事業承継診断を導入
▲ 事業承継診断を通じて、支援機関と経営者の間での「事業承継」に関する対話を喚起
▲ 事業承継に向けた準備の必要性を気付きっかけとし、把握された課題に応じて適切な支援機関へ繋ぐツールとする

取組の促進体制

○地域における事業承継支援体制強化
▲ 地域の将来に責任を有する都道府県のリーダーシップのもと、地域に密着した支援機関をネットワーク化
▲ よろず支援拠点や事業引継ぎ支援センター等とも連携する体制を国のバックアップの下で早急に整備
▲ 各支援機関の強みを活かしつつ、個々の事業者の課題に応じたシームレスな支援を実施

出典：「『事業承継ガイドライン』について」（中小企業庁） http://www.chusho.meti.go.jp/zaimu/shoukei/2016/161205shoukei2.pdf。

【資料10】

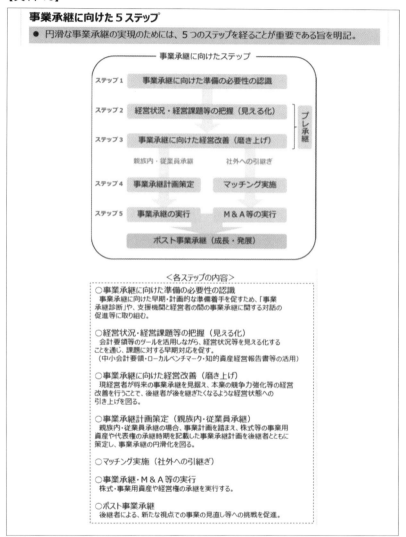

出典:「『事業承継ガイドライン』について」(中小企業庁) http://www.chusho.meti.go.jp/zaimu/shoukei/2016/161205shoukei2.pdf。

宇野 また、主な支援ターゲットを、自ら事業承継に取り組んでいる従来の経営者に加え未だ取り組んでいない経営者にも拡大したところが、今回の改訂の特徴です。

ただ、課題の1つでもありますが、経営者が事業承継の必要性に気づいていたとしても、なかなか相談先が見出せないという現状があります。これは経営者のメンタリティーとして、ほかの人から言われたくないとか、考えたくない、または日々の経営問題で忙しい、などという理由が考えられます。

ですから、これを何とか打開する方策とて、まず「気付きの促進と掘り起こし」を考えており、先ほども申し上げましたとおり、19都道府県で昨年度、「事業承継ネットワーク」事業を実施しました。

また、事業承継診断というものをガイドラインの中で策定しており、【資料11】に「事業承継診断書のイメージ」を掲げています。これは、たくさんの設問をするのではなくて、12問ぐらいで簡易に経営者の方に気づいていただくことを目的としたツールです。国が制定したガイドラインを使って経営者に気づいていただきたいということです。

では、その体制をどのように促進するか。これについては、【資料12】をご覧ください。

実際に経営者に気づいていただくためには、皆さま方を含めた支援者の連携が必要だと考えています。

考え方を病院に模して、「かかりつけ医・総合医」と「専門医」という形で説明させていただきます。「かかりつけ医」は日常活動で経営者に寄り添っている支援者のことで、具体的には、中小企業にいちばん近い商工団体や金融機関の方々、士業の先生方などの皆さまのことです。まず、その「かかりつけ医」から経営者にアプローチしていただく。そして実際に掘り起こされた相談者を、公的機関の場合は、「総合医」であるよろず支援拠点、もしくは課題がすでに明確で個別対応が必要であれば「専門医」に橋渡ししていただくことを想定しています。

1 事業承継の現状と手法

【資料11】

事業承継に向けた早期取組の重要性（事業承継診断の実施）

● 早期取組の重要性を明記するとともに、事業承継に向けた早期かつ計画的な準備への着手を促すツールとして、事業承継診断を紹介。

No.　　　　　　　　　　　　　　　　　　　　　平成　　年　　月　　日
企業名：　　　　　　　取扱支援機関名：　　　　　担当者：

事業承継ヒアリングシート

経営者の年齢：　　　歳　　　　業種：
従業員数：　　　人　　　　売上：　　　百万円

Q1 会社の１０年後の夢について語り合える後継者候補がいますか。
[はい]　それは誰ですか？[　　　]　[いいえ]
※「はい」→Q2、「いいえ」→Q7へお進みください。

Q2 候補者本人に対して、会社を託す意思があることを明確に伝えましたか。
[はい]　[いいえ]
※「はい」→Q3～Q6、「いいえ」→Q8～Q9をお答えください。

Q3 候補者に対する経営者教育や、人脈・技術などの引継ぎ等、具体的な準備を進めていますか。
[はい]　[いいえ]

Q4 役員や従業員、取引先など関係者の理解や協力が得られるよう取組んでいますか。
[はい]　[いいえ]

Q5 事業承継に向けた準備（財務、税務、人事等の総点検）に取りかかっていますか。
[はい]　[いいえ]

Q6 事業承継の準備を相談する先がありますか。
[はい]　それは誰ですか？[　　　]　[いいえ]

Q7 親族内や役員・従業員等の中で後継者候補にしたい人材はいますか。
[はい]　[いいえ]
※「はい」→Q8～Q9、「いいえ」→Q10～Q11をお答えください。

Q8 事業承継を行うためには、候補者を説得し、合意を得た後、後継者教育や引継ぎなどを行う準備期間が必要ですが、その時間を十分にとることができますか。
[はい]　[いいえ]

Q9 未だに後継者に承継の打診をしていない理由が明確ですか。（後継者がまだ若すぎる　など）
[はい]　[いいえ]

Q10 事業を売却や譲渡などによって引継ぐ相手先の候補はありますか。
[はい]　[いいえ]

Q11 事業の売却や譲渡などについて、相談する専門家はいますか。実際に相談を行っていますが。
[はい]　それは誰ですか？[　　　]　[いいえ]
[はい]　[いいえ]

第 1 部　パネルディスカッション「事業承継の実務」

```
Q3～Q6    で1つ以上「いいえ」と回答した方・・・円滑な事業承継のために必要に応じ支援機関に
                                    ご相談しながら計画的な取り組みを進めて下さい。
Q8～Q9    で1つ以上「いいえ」と回答した方・・・企業の存続に向けて事業承継についての課題整理や
                                    方向性の検討を行う必要があります。
                                    支援機関にご相談下さい。
Q10～Q11  で1つ以上「いいえ」と回答した方・・・支援機関を通し、専門家や事業引継ぎ支援センターに
                                    ご相談ください。
```

出典：「『事業承継ガイドライン』について」（中小企業庁）　http://www.chusho.meti.go.jp/zaimu/shoukei/2016/161205shoukei2.pdf。

　宇野　【資料 13】のとおり、まず都道府県をベースに気づきの体制を整備して診断するということを考えていますが、これが今回の事業承継ガイドライン中の大きな目的の 1 つとされています。
　【資料 14】【資料 15】では、実際にどのような体制でやるかということ、【資料 16】では 19 都道府県についての「平成 29 年度事業承継ネットワークの実施状況」を示しております。
　また、【資料 17】によれば、「事業承継ネットワーク事業」（国費）が 19 都道府県で 45,852 件、県費で実施されたところが 2,147 件で、トータル 47,999 件に上ることがわかります。
　宇野　なお、【資料 18】についての補足でもありますが、29 年度の約 45,000 件の診断実施を受けて、実際掘り起こされた相談を具体的にどのように解決するかという課題が出てきました。これに対応すべく今年度 30 年度については、「プッシュ型事業承継支援高度化事業」ということでさらに制度を進化させ、個別企業についても支援する体制を作っております。
　以上が、事業承継ガイドラインのご説明になります。

[資料12]

事業承継支援体制の強化

● 支援機関相互の連携を図りつつ、ステップ毎の支援を切れ目無く行う体制を構築することが必要であることを明記。

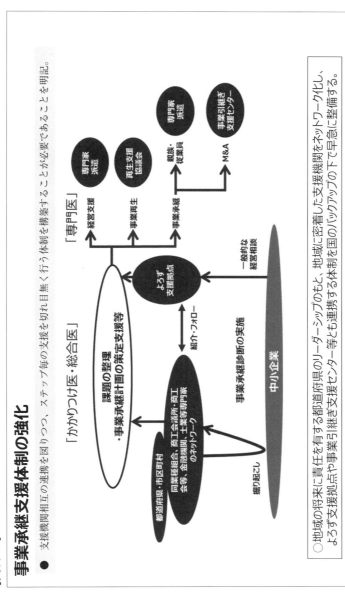

○地域の将来に責任を有する都道府県のリーダーシップのもと、地域に密着した支援機関をネットワーク化し、よろず支援拠点や事業引継ぎ支援センター等も連携する体制を国のバックアップの下で早急に整備する。

出典：「「事業承継ガイドライン」について」（中小企業庁） http://www.chusho.meti.go.jp/zaimu/shoukei/2016/161205shoukei2.pdf。

[資料13]

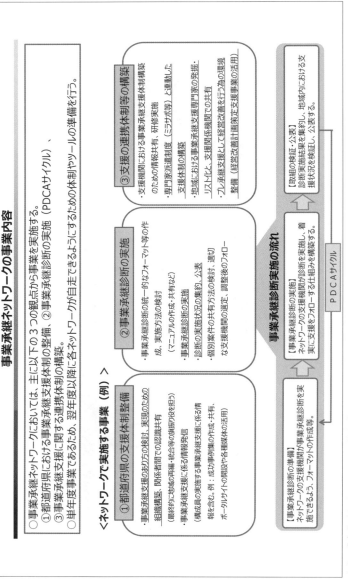

出典:「事業承継ネットワーク構築事業について」(中小企業庁) http://www.meti.go.jp/press/2017/06/20170605003/20170605003-1.pdf。

[資料14]

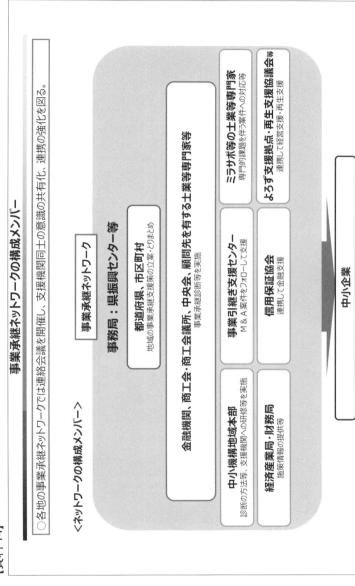

出典:「事業承継ネットワーク構築事業について」(中小企業庁) http://www.meti.go.jp/press/2017/06/20170605003/20170605003-1.pdf。

第1部 パネルディスカッション「事業承継の実務」

[資料15]

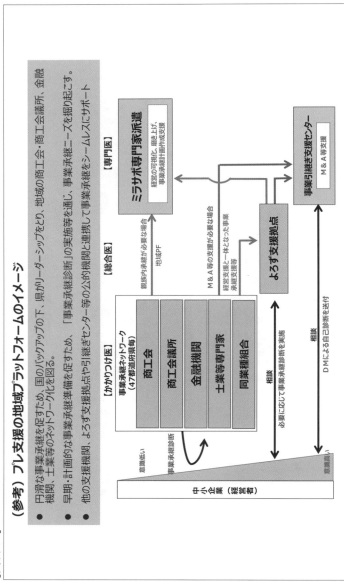

出典:「『事業承継ガイドライン』について」(中小企業庁) http://www.chusho.meti.go.jp/zaimu/shoukei/2016/161205shoukei2.pdf。

[1] 事業承継の現状と手法

【資料16】

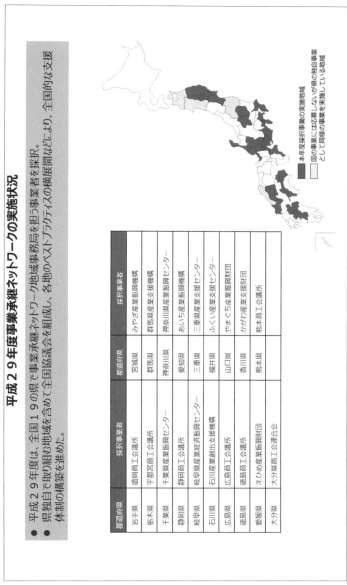

出典:「平成29年度事業承継ネットワークの取組と今後の支援について」(中小企業庁) http://www.chusho.meti.go.jp/zaimu/shoukei/2018/180330shoukei.pdf。

第1部 パネルディスカッション「事業承継の実務」

[資料17]

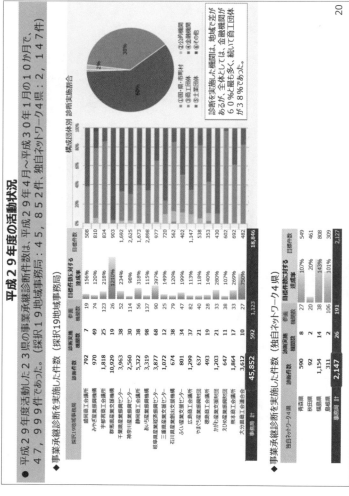

出典:「平成29年度事業承継ネットワークの取組と今後の支援について」(中小企業庁) http://www.chusho.meti.go.jp/zaimu/shoukei/2018/180330shoukei.pdf。

[1] 事業承継の現状と手法

[資料18]

プッシュ型事業承継支援高度化事業（事業承継ネットワーク事業）イメージ図

- 平成29年度は、事業承継診断等を通じて、事業承継ニーズの掘り起こし支援を行ったが、今後は、そのニーズに対して地域の専門家が個別支援を行う事業を行えるよう、制度を拡充。
- 具体的には、都道府県の事務局に承継コーディネーター（事業責任者）を設置し、事業責任者・都道府県と連携し事業承継支援戦略を策定し、事業承継診断の実行指示や、地域の専門家と連携し個者支援を行う。

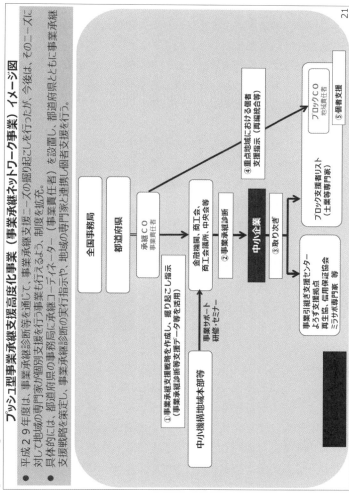

出典：「平成29年度事業承継ネットワークの取組と今後の支援について」（中小企業庁）http://www.chusho.meti.go.jp/zaimu/shoukei/2018/180330shoukei.pdf。

(2) 信託の活用事例とメリット・意義

富永 事業承継ガイドラインが大変有益なツールであることがよく理解できたところで、事業承継のタイプについて、最近いろいろな手法があるので確認させていただきたいと思います。

われわれがやっている事業承継では、基本的には、事業会社の株式をそのまま譲渡する方法、あるいは事業譲渡や会社分割を利用して事業を承継する方法が考えられますが、近時は新しい手法として信託を活用することもあるようです。

これについて、金森先生からご紹介いただきます。

金森 先ほど宇野様のお話にもありましたとおり、現在対策が求められている事業承継では、オーナーが高齢化していること、それとオーナーの相続開始時のことを見据えながら実行する必要があります。

金森健一氏

この点、信託は、後継者に引き継がせるべき経営権と、相続人全員が利害をもつ個人資産とを分けることができます。

たとえば、株式自体は信託の受託者（信託銀行やオーナーのご家族のどなたか）へ移転することで分散を回避し、その信託によって生じる受益権を相続人の間で分けるというものです。株式がオーナーの所有から離れることになるので、高齢のオーナーが保有したまま認知症になってしまうような不都合を回避する対策にもなるといわれています。「民事信託」や「家族信託」などと呼ばれている昨今の使われ方において、最も注目されているのが、この認知症対策になります。

① 事業承継の現状と手法

【資料 19】

ア　経営権と個人資産の分割

事業承継対策には、オーナーの相続が開始した場合の、<u>後継者その他の経営に関与する親族と、それ以外の親族との間の利益調整を図る視点が必要</u>
⇒オーナー保有の自社株式を信託財産とすることで、株式が有する、経営権としての側面と、個人資産（相続財産）としての側面を分割し、それぞれを親族に配分することができる。
具体的には、経営権（議決権）については後継者等が受託者または指図者として担い、会社からの配当については経営に関与しない親族にも受益者として、これを与える、というものである。

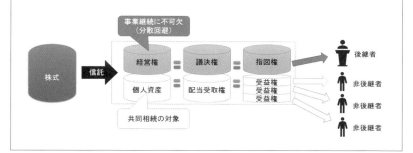

【資料 20】

イ　権利移転の確実性

自社株式自体は、信託財産として受託者に帰属
⇒オーナーの相続財産にならない（遺留分制度の適用はあり）。認知症対策としても有用である。
⇒遺言リスク（書換や撤回等）を回避することができる（中小企業庁「事業承継ガイドライン」（2016 年）70 頁の「遺言代用（型）信託」）。

公正証書遺言以外の遺言の場合に必要な執行時の検認手続が不要になる（時間的空白の発生防止）。
⇒信託契約において、オーナー（委託者）の死亡により残余財産としての自社株式を後継者に引き渡す旨の定めがあれば、受託者は、その定めのとおり、自己に帰属している自社株式を後継者に引き渡す手続をとる。

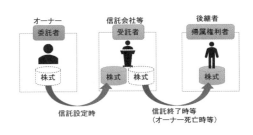

金森 【資料21】をご覧ください。信託の場合、売買や贈与と異なり、「万が一のときに備えて、とりあえず」株式を移しておくという使い方もできます。

この点が、今般改正された事業承継税制で信託が対象とならなかった原因の1つかもしれませんが、逆に、一度信託した以上は解約できないといったスキームにすることも可能です。たとえば、少し場面は異なりますが、「特定贈与信託」と呼ばれる障害者の方の生活支援のための信託では贈与税の非課税制度があり、解約がきびしく制限されています。信託の利用促進の観点からは、事業承継で利用する場合の信託も、特例税制の対象になることを期待しているところです。

【資料21】

売買・贈与との違い

事業承継の準備不足に陥らないようにするために、早めの計画の策定とその

実行が求められる。もっとも、会社を手放すことに対するオーナーの抵抗感は強い。その対処法として、「万が一のときに備えて、とりあえず」という信託の用い方がある。
⇒自社株式の帰属を確定させずに、万が一のときの帰属先を指定する。

【売却や贈与の場合】
原則、契約締結時に株式は後継者等譲受人に移転し、帰属が確定する。
たとえば、後継者との間での不和や不信感、不慮の事故による後継者の死亡が生じた場合に他の後継者へ切り替えるためには、後継者本人やその相続人の協力が必要になる。

【信託の場合】
信託の受託者に移転した株式は、信託の終了や受託者の変更により、他の者（オーナー自身を含む）へ移転させることが可能である。
たとえば、後継者Aを受託者として、議決権等をAに行使させつつ、その手腕を見きわめようとしたところ、Aに資質が不足することが判明した場合に、信託を終了させてオーナーに株式を戻したり、受託者の交代により次の後継者Bを新受託者としてBの資質を見きわめようとしたりすることができる。
受益者変更権を利用することにより、信託設定後に受益者を変更する余地を残すことも可能である。たとえば、信託終了時の株式（残余財産）の帰属先を受益者としていた場合において、その帰属先（たとえば後継者候補である娘婿）との間の関係が悪化（娘と娘婿との離婚等）したために株式の帰属先を変えたいときや、相続人が配当金を受け取ることができる割合を変更したい場合が考えられる。ただし、贈与税が発生することもあるため、慎重な対応が必要である。

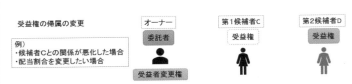

「万が一のときのために、とりあえず」後継者候補を定めつつ、その候補者に適性がないことが明らかになったなどの事情が発生した場合には、これを変更することができる余地を残すことができる。

⇒経営権が「移ったようで移っていない」との評価もできるためか、事業承継税制の適用対象とされていない。
　しかし、「引き返せない、巻き戻しができない」信託も設定可能である（たとえば特定障害者扶養信託（特定贈与信託。相続税法21条の4、相続税施行令4条の12））。一概に、信託であるから対象外とするのではなく、より要件を精緻にして、それに適合する信託であれば対象とするような改正が望まれる。

金森　実際の事例については、【資料22】～【資料25】として4つあげさせていただきました。少しアレンジしていますが、それぞれ中小企業のオーナーが抱える事情を受けて、多様な信託を使って事業承継が行われ、または、検討中の例です。

【資料22】

事例1：経営権の確実な承継　中継ぎ信託

① 株主構成と会社の状況
- 本人（70代）、長女。家族は他に、孫、孫の夫等。妻はすでに他界
- 飲食業

② 課題
- 店舗の運営は、孫夫婦が中心となっているものの、全体的な経営を任せるには（長女世代を超えて孫世代に承継させるには）、尚早と判断しており、

孫夫婦も躊躇している。
- 家庭内の事情により、確実に孫夫婦へ承継させるように準備しておきたい。

③ 信託の活用ポイント

- いったん受託者へ株式を移転し、タイミングを図りつつ、孫夫婦（帰属権利者）に株式を承継させることが可能になる。信託契約において、信託の終了事由（信託法163条9号）として、オーナーと後継者による合意、後継者の代表取締役就任、オーナーの死亡等を定めることができる。
- 信託契約に基づく承継であり、遺言による場合のリスク（無断書換、撤回等、執行の手間等）を回避することができる。

④ 留意点

本事例では、「長女に委ねたい」とのオーナーの意向に従い、長女を受託者としたが（民事信託）、信託会社を受託者とする方法も考えられる（商事信託）。

民事信託の場合には、株主総会での議決権行使は、受託者がその裁量において行うか、オーナーや後継者等からの指図に従い行うことになる。一方、商事信託の場合には、信託会社が自身の裁量において議決権を行使することは考えにくいため、指図に従い行うことになる（なお、管理型信託会社（信託業法2条4項）が受託者となる場合には、保存行為等を除く信託財産の管理または処分については、委託者または委託者から指図の権限の委託を受けた者（指図人）からの指図に従って行わなければならないため（同法2条1号）、受託者の裁量において議決権を行使することは法律上禁止される）。

⑤ 家族関係図と信託スキーム図

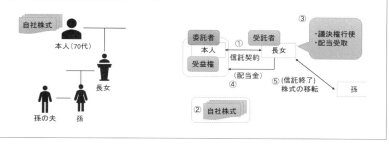

【資料23】

> **事例2：自己信託による経済的部分の譲渡**
>
> ① 株主構成と会社の状況
> - 本人、長男、長女、二男。妻はすでに他界
> - 製造業
>
> ② 課題
> - 本人から長女や二男へ株式の経済的価値を贈与したいが、長女らは海外に居住しているため、議決権等の権利行使に関する事務処理が負担になる。
>
> ③ 信託の活用ポイント
> - <u>議決権行使は、株主である受託者が行う</u>。長女（受益者）の意思の反映は、（会社法上の手続ではなく）信託契約の定めに基づいて行う（一任または指図権の活用）。
> - <u>経済的価値（配当受取権限）のみを贈与</u>することで、経済的な目的を達成できる（自己信託ではなく、信託会社を受託者とすることも考えられる）。
>
> ④ 留意点
> 自己信託は財産権の名義を変更せずに信託を設定することができるため、早期贈与による贈与税の節税目的で利用されることがあると聞く。もっとも、自分の物でありながら（名義はそのまま）、自分の物ではない（受益者のための管理）という点は、難解であり、オーナーやその家族の理解を得にくい。たしかに、自社株式の名義を他人に移したくないという希望を持つオーナーは存在し、自己信託はその要望に応えることとができる。しかしながら、認知症等により判断能力が低下・喪失したり、突然死亡したりすれば、受託者がその任務をより全うできない事態となる。後継者や信託会社を受託者とする信託契約による方が、円滑な事業承継に資すると思われる。

① 事業承継の現状と手法

⑤ 家族関係図と信託スキーム図

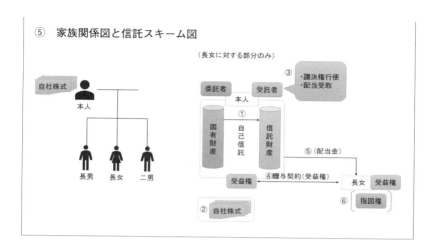

【資料 24】

事例 3：分散した株式の集中と、信託内での贈与

① 株主構成と会社の状況
- 本人 (80 代)、長男、二男、三男。夫はすでに他界
- 製造業

② 課題
- 本人は夫の相続で取得した株式を、暦年で 3 人の子どもに贈与してきた。
- 現社長の二男としては、議決権が分散することに不安を抱いている。

③ 信託の活用ポイント
- 経済的な価値（剰余金配当受取権限）と、経営権（議決権行使の指図）との分離
- 経済的な価値（受益権）を対象とする贈与が可能になる（信託会社を受託者とすることも考えられる）。

④ 留意点
本事例において、後継者である二男から、「長男や三男へ移転される受益権について、各受益者が死亡した場合に自分（二男）が次の受益者になるような信託にできないか」との質問があった。後継ぎ遺贈型受益者連続信託（信

託法91条）を利用することで、そのような仕組みにすることは可能かもしれないが、信託の設定によって遺留分減殺を一律に免れるという効果が生じるものではないため（道垣内弘人『信託法』（有斐閣、2017）62頁）、そのような信託では、無用な紛争を招きかねないとしてご納得いただいた。

受益者連続信託における受益権は、その受益者の死亡を終期とするものであるから、期限のない受益権と比較して価値が劣る。数字上、遺留分を確保した信託契約の定めにしても、実質的な価値が遺留分を満たしていないとして紛争になる可能性がある。将来の信託終了時で株式が分散するのを回避するためには、長男や三男が取得した受益権を二男が買い取る方法が穏当であるとして、そのようなスキームを実行した。

⑤ 家族関係図と信託スキーム図

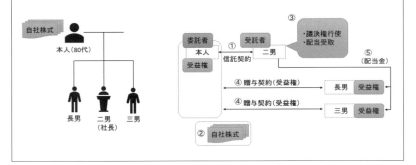

【資料25】

事例4：後継者の立場の強化

① 株主構成と会社の状況
- 本人（80代）、長男。夫はすでに他界
- 製造業

② 課題
- 夫が創業し、夫の他界後は番頭格の従業員が代表取締役をしている。本人は、次の後継者は長男と考えているが、番頭格が長男を子ども扱いしてな

いがしろにしている。株主としての立場を与えることで、後継者本人の自覚を促すとともに、番頭格に対抗できるようにしたいと考えている。

③ 信託の活用ポイント
- 株式の贈与では贈与税、売却では買取資金といった経済的負担がある一方、信託による株式の移転の場合はそのような負担がない。
- 受託者は株主になるが、その議決権行使（経営権）については、依然として、本人（委託者）のもとに留めておくことができる（長男からすれば後ろ盾としての機能もある。）。

④ 留意点
信託は、株式の管理・承継の一手段にすぎない。株式が適法に発行され委託者になるべき者に帰属しているかは、会社法上の問題である。また、譲渡制限株式であれば、委託者から受託者への譲渡や、受託者から帰属権利者への株式の譲渡について、株式の譲渡に係る承認手続（会社法 136 条以下）を踏まなければならない。中小企業の場合、株主名簿を備え置いていないことが多い。株式が信託財産に属することを第三者に対抗するためには、株主名簿への記載を要する（会社法 154 条の 2）。円滑な事業承継信託の実現のためには、会社法に関する面の手当て・支援が欠かせない。

⑤ 家族関係図と信託スキーム図

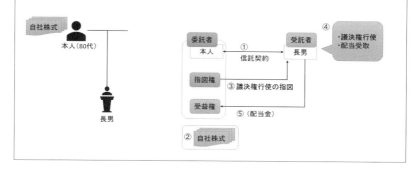

第1部　パネルディスカッション「事業承継の実務」

3　事業引継ぎ支援センターの動きと活用

富永　近時、事業承継につきましては、事業引継ぎ支援センターが活発に動かれているということです。支援センターにおける事業承継の取組みについて、宇野様にお伺いします。まず、取組みの実績についてはいかがでしょうか。

(1) 取組み実績

宇野　事業引継ぎ支援センターにつきましては、【資料26】に大筋を書いていますが、後継者がいない企業に対してのマッチング支援をしている公的な機関です。この資料からおわかりのとおり、これまで金融機関や民間支援者ではビジネス的に支援が困難であった小規模な企業が、事業引継ぎ支援センターの主要な支援先です。

【資料26】

事業引継ぎ支援センターの概要
事業引継ぎ支援センターとは？
・**事業の承継に関する様々な課題の解決を支援する公的な相談窓口です**
・**国からの委託事業として実施しています** 「事業引継ぎ支援センター」は、産業競争力強化法に基づき、商工会議所・県の財団等が国（経済産業局）から委託を受けて実施している事業です。
・**相談内容については幅広く対応します** 親族内承継、役員・従業員承継、第三者承継（M&A）に関する情報提供やアドバイス、各種支援機関の紹介などを行います。
・**M&Aの支援を行います。** 特にM&Aなどによる第三者への事業の引継ぎを希望される場合には、M&Aの可能性や解決すべき課題についてのアドバイスを行い、M&A支援会社や金融機関、専門家（士業等）の紹介を行います。
地域の経済を担う中小企業者の存続や雇用の確保に貢献していきます

出典：中小企業事業引継ぎ支援全国本部資料。

1 事業承継の現状と手法

宇野　実際にどういう悩みがあるかについては、【資料27】にあるように、「何から始めたらよいかわからない」というご相談や、「会社を他の企業に譲渡したいが、相手先探しや交渉・契約などの相談をしたい」という内容も多く寄せられます。また最近では、「当事者間で会社の売買について合意したが、手続や進め方をアドバイスしてほしい」といったご相談も増えております。

【資料27】

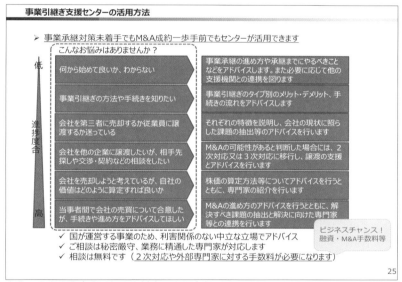

出典：中小企業事業引継ぎ支援全国本部資料。

宇野　時間の関係もあるので全体の実績に絞って話を進めると、【資料28】のとおり、センターへのご相談は毎年増えていて、速報値では、昨年度8,500社を超える件数となり、月700社を超える状況まできております。

　実際に引継ぎができた件数も687件、累計で1,500件に近いところま

【資料28】

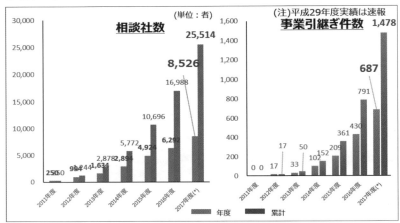

出典：中小企業事業引継ぎ支援全国本部資料。

でお手伝いができているという状況でございます。

また、成約した譲渡企業についてみると、【資料29】のとおり、従業員数20名以下が8割を占め、特に、5人以下の企業だけでも4割に上ることから、いままで企業規模で諦めていた企業にも引き続きご相談いただきたいと考えています。

【資料29】

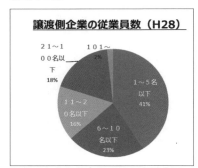

出典：中小企業事業引継ぎ支援全国本部資料。

(2) 手続の流れ

富永 事業引継ぎ支援センターが大変な実績をあげられていることがわかりました。

続きまして、同センターでの手続の流れについてご紹介いただきたいと思います。

宇野 【資料30】をご覧ください。事業引継ぎ支援センターにおみえになるご相談者には、譲渡したい方、譲り受けたい方の両方がいらっしゃいます。「相談」（1次対応）のフェーズでは、実際にどうしたいのか、どのようにしたらいいのかというご相談から方針の方向づけまでを行っています。

この1次対応では、後継者不在の相談者の場合、通常は初回で1時間半から2時間をかけて、事業の状況・内容・相談者の考え方や後継者の状況などについて、ていねいにヒアリングすることから始めます。その上で、改めて親族承継の可能性を探り、可能性がある場合には相談者と課題の整理等を行い、進められる場合にはその方向にお手伝いするようにします。それが難しい場合には、役員・従業員承継の可能性についても同様に探ります。

そして、これら2つのパターンが難しい場合に初めて、第三者承継（事業引継ぎ）を選択肢として提起します。事業引継ぎの方針が決まり、方針に基づいて相手先を探さなければいけないということになれば、2次対応、3次対応と進めて、実際の相手先探しのマッチングのお手伝いをします。2次対応・3次対応に関しては、センターで自らやるのか、登録機関──皆さま方のような支援者と一緒にやるのか、というところで分けている状況です。

また、事業引継ぎ支援センターのご相談は、何度来ていただいても、「秘密厳守・相談無料・公正・中立」でお受けしています。

第1部 パネルディスカッション「事業承継の実務」

[資料30]

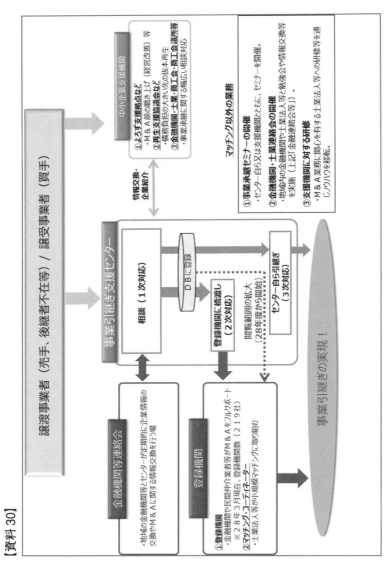

出典:中小企業事業引継ぎ支援全国本部資料。

(3) データベース構築とマッチング

宇野 事業引継ぎ支援センターには、約4割の方々が譲り渡したいという内容で来られます。譲り受けたいという方も、平成29年には同じく約4割という状況でした。

では、どのように相手先を探すのか……。これには、センターへの相談者の中から探す方法と、皆さま方のような支援者を通じて探すという2つの方法があります。

センターでは、ご相談案件をすべて引継ぎ支援データベースに入れます。センター以外の外部の方々にお願いする場合については、ノンネームデータベースという形にして見ていただけるような対応を考えております。

実際に外部の方々に見ていただくのは、【資料31】に示したように、引継ぎ支援センターにあるデータベースのうち、右側に切り離したノンネームデータベースの部分です。ここに、他の皆さま方にもぜひ支援を仰ぎたいという相談者についてのデータを保存しています。

実際には引継ぎ支援センターでもノンネームデータベースを利用していますが、その他に登録機関――金融機関や士業などの方々に、これを開放しています。すべてオープンにはできませんので、各地の引継ぎ支援センターで登録していただいた機関・士業の方々にはこちらを見ていただくという対応をしているわけです。

なお、登録機関の皆さまのご支援をいただく場合には、相談者と登録機関の間での民間契約となります。

第1部 パネルディスカッション「事業承継の実務」

[資料31]

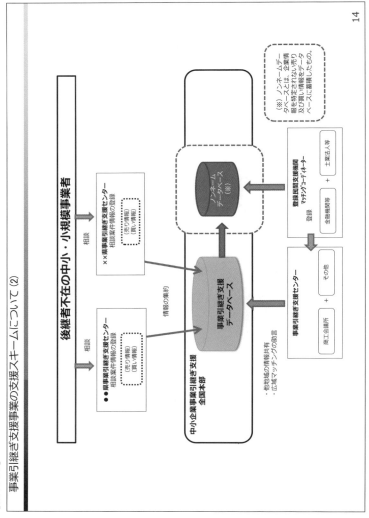

出典：中小企業事業引継ぎ支援全国本部資料。

4　金融機関から見た事業承継や事業再生

(1)　認識

富永　では次に、少し視点を変えて、金融機関の立場から、獅子倉様にお聞きしたいと思います。

　金融機関から見た場合、事業承継や事業再生に対する事業者や金融機関等の認識はどのような状況とお考えでしょうか。

獅子倉　債務者側の意識としては、先ほど宇野様もおっしゃっていましたが、自分のところは大丈夫であるとか、現実を直視したくないというような方が多いような気がします。

　債権者の立場になるわれわれ金融機関としても、現在のような低金利の時代、金融機関の競合というのもなかなかきびしくて、1債務者に対して多数の金融機関がご融資することも非常に多くなっています。この

獅子倉基之氏

ような状況において、事業再生の局面であったとしても、新規の融資をすることでそれを見逃してしまっているということが、実際問題として多いのではないかと思っています。

　税理士や公認会計士の専門家にもいろいろとご指導いただいてはいますが、いま申し上げたような金融機関側の事情とか、お客様との目線が合わないということで、どうしても早めの対応ができ切れていないような気がしています。

(2) 留意点

富永 そうしますと、円滑な事業承継の実現のためには、どのような点に留意したらいいのか、このあたりについてご意見をお聞かせください。

獅子倉 私のところで申し上げると――事業再生にハイライトさせていただきますが、債務者様と金融機関の共通認識の醸成を早く行うということがあります。その中で、ちょっとおかしくなってきたなという時に早めの対応を行っていく。病気に喩えると、風邪程度なら風邪薬を飲めば治るところ、これを放置してしまうと、場合によってはちょっと大きな病気になってしまって、回復に時間がかかることになります。

このために、債務者様となかなか目線が合わない場合には、コンサルティングファームの方、あるいは弁護士の先生方も交え、共通認識を作っていくよう対応しています。これに加え、再生支援協議会の皆さま方にもご協力をお願いして早めにご相談するなど、共通認識の早期醸成に努めているところです。

(3) 参考事例と問題点等

富永 早期着手の必要性、早期再生の重要性がよくわかりました。

そのほか、獅子倉様からご覧になって、何か解決や対応をした方がいいような問題点があれば、ご指摘いただけますでしょうか。

獅子倉 いわゆる事業再生の局面ということで申し上げると、われわれは再生支援協議会といつも連携させていただいているのですが、たとえば学校とか病院、あるいは賃貸業者や個人債務者などに対しては、再生支援協議会では、残念ながら業種的に関与できないようなケースがあります。こうした債務者への対応は、一般企業に比べて遅れがちになることも多いため、弁護士、公認会計士や税理士の先生方と協力しつつ、特定調停のようなスキームを活用して、何とか早期対応を図りたいと考えています。

富永 ありがとうございます。

こうした早期の対応に関して、何か参考となる事例等があればご紹介ください。

獅子倉 先ほど申し上げたように、われわれは地方銀行の位置付けにあるので、地元行として、再生支援協議会となるべく早めの事前相談を行っています。過剰債務の債務者に対しても、まず暫定計画を作成いただき、過剰債務を解決していくためにはどうしたらよいかを一緒に考えていきます。この結果、過剰債務が解消できない場合には、スポンサーの方々の力を借りて抜本再生を指向していくことになります。スポンサースキーム、いわゆる第二会社方式で再生を図るディールになりますが、これは、事業価値の毀損を最小限にとどめて、雇用の確保や事業継続を目指すものです。

　この際、債務者や保証人の方には大きな決断を迫ることになるので、ステージごとに関係者の納得を得ながら、特に債務者が金融機関からやらされ感のないよう、ていねいに進めていくことを心がけています。

　これらのプロセスの中で、われわれの考え方やスキーム等をわかりやすく債務者に通訳していただくため、この役回りを弁護士の先生にお願いするケースが増加しています。弁護士と協働することにより、債務者の納得感を高めながらスムースにディールが進む確度が高まり、結果として早期にクローズに到っています。

富永 支援協さんやスポンサーサイドとの連携でうまくいっているということかと思います。逆に、こういうのは問題だなというようなケースがあれば、ご紹介いただけますでしょうか。

獅子倉 お客様もかなり悩みながらいろいろな方に相談されていて、最初から金融機関にご相談いただければいいのですが、これをされないで、ある方の紹介でと飛び込んでみえたり、あるいは無資格のコンサルさんに行かれて収拾がつかなくなってからみえたりすることもあります。二重に費用がかかってしまう上に再生が遅れる、こうしたケースも散見されているところです。

富永 こう申し上げるのはちょっと問題かもしれませんが、事業承継を

必要とする企業がメインの銀行に日ごろから相談等されていれば、問題のあるコンサルに引っかかるようなことはないように思うのですが、そのあたりはいかがでしょうか。

獅子倉　おっしゃるとおりで、われわれがお客様ときちんと向き合って対応していけば起こらないというような、お恥ずかしい話ではあるのですが、こちらの事情として、人もだいぶ減ってきている中で、お客様との接点がどうしても少なくなってきています。この部分を補完していくためには、税理士の先生方とうまく連携をとりながら、そうした徴候やお悩みを解決していかなければいけないと考えています。

富永　なかなか難しい環境の中で、金融機関もご苦労されていることが、よくわかりました。

5　財務再構築を伴う事業承継が少ない理由等

富永　ここで宇野様にお伺いしたいのですが、財務の再構築を行った上での事業承継というケースについては、いかがでしょうか。

宇野　私ども事業引継ぎ支援センターですと、再生支援協議会様のような形での関わり方は難しいわけですが、協議会様にお願いできるご相談案件はそちらにお願いしていくと同時に、逆に協議会様の案件でスポンサーを探していくことも行っています。一般的に、債務超過での事業再生は難しいと言われるところではありますが、何かしらの企業価値を生じているから企業ができているわけなので、財務状況がきびしくても、債務超過であったとしても、実際には1割以上の企業でM＆Aが成功しているという結果が出ています。

富永　ありがとうございます。

　私は弁護士なものですから、財務再構築（リスケ、リストラなど）を行った上での事業再生がもう少し増えてほしいという気もしていますが、それが実際にはまだまだ少ないとなると、その理由はどのような点にあるのでしょうか。

宇野 あくまで私見ですが、財務再構築が必要な場合、株式譲渡もしくは事業譲渡いずれの手法を採用したしても、財務的に自走していない企業様については、譲受け側の負担が大きいということは否定できず、なかなか難しいところがあるわけです。

　事業引継ぎ支援センターとしては、それでも何かその企業様の持つプラス面を引き継げるような方向性を考え、譲渡する先を探していくという努力をしている状況です。

獅子倉 われわれの方は、先ほど申し上げましたように、過剰債務の場合で債権放棄が絡むとなると、公平性や透明性ということが必要になります。そこで再生支援協議会様にも入っていただき、そこを確保しながら進めていくわけですが、残念ながら、その部分に行き着く前に破綻してしまうということがあります。

　再生支援協議会については認知度も上がってきていますが、全部が協議会様に行かれているわけではないので、われわれとしては、この点の情宣活動にも努めながら、お客様のご理解を得て、1社でも多くの方に再生していただきたいと考えております。

富永 ありがとうございました。

　これまでのお話で、事業承継の現状、現在の対応、そして問題点について、大変よく理解できました。

第1部 パネルディスカッション「事業承継の実務」

> パネルディスカッション Part1

② 事業承継に関わる税務問題（事業承継税制）

〈司会〉　　　　　　　　　弁護士　　　　富永　浩明
　　　　　　　　　公認会計士・税理士　　植木　康彦
〈パネリスト〉　　　　　　税理士　　　　渡邉美由紀
　　　　　　　　　公認会計士・税理士　　呉我　春彦
（法人名・役職などはシンポジウム開催当時）

富永（司会）　事業承継においては、株式譲渡等に関する相続税や贈与税の負担も非常に大きな問題になっていると思います。そこで、平成30年税制改正において抜本的に改正された事業承継税制について確認しておきたいと思います。

　ここからは専門的な内容になりますが、植木先生、渡邉先生、呉我先生の税務チームに進行をお願いして、事業承継に関わる税務問題についてお話いただきたいと思います。よろしくお願いいたします。

植木（司会）　皆さま、こんにちは。公認会計士の植木です。

　それではわれわれ税務チームメンバーにて、2018年3月に生まれ変わったばかりの新事業承継税制（以下、「新税制」という。）を中心に説明していきたいと思います。

　説明は、【資料32】の「税務チームメニュー」に従って、進めさせていただきます。

2 事業承継に関わる税務問題（事業承継税制）

【資料32】

税務チームメニュー

1 事業承継と事業再生の関係
2 事業承継と税の関係
3 事業承継税制の改正点
4 新事業承継税制の適用要件
 (1) 適用開始時の要件（入口要件）
 (2) 適用開始後に遵守すべき要件（事後要件）
5 利用の流れ
6 新事業承継税制を利用する場合の留意点
 (1) 改正後事後要件に注意
 (2) 後継者コントロール
 (3) 事業承継税制ありきでは、うまくいかない
 (4) 新事業承継税制と他の税制との使い分けまたは組合せ
 (5) しっかりとした事業承継計画を作る

1 事業承継と事業再生の関係

植木 事業を次の世代に円滑に承継するためには、営業赤字や債務超過の会社では誰も承継してくれないし、迷惑なお願いになるので、前段階として「事業の磨き上げ」が必要です。磨き上げには平時でも財務リストラクチャリングなどの事業再生手法が有用であり、事業承継のタイミングは、磨き上げを行う最適時点といえます。

なぜなら、事業承継は経営者の交代を伴うので、前経営者において先送りされてきた経営課題の実行や事業内容の見直し等を行うチャンスだからです。

「事業の磨き上げ」は、いわゆる経営改善を意味し、財務（B/S）の改善と事業（P/L）の改善からなります。財務の改善とは、過剰債務の削減・適正化や資産の絞り込み（整理、売却）等をいい、事業の改善とは不採算事業の整理・撤退、優良事業の拡大、事業ポートフォリオの見直

し、差別化の強化、人材教育の深化、経費の削減等をいいます。

2　事業承継と税の関係

植木　そもそもですが、対象株式に価値がなければ、たとえば債務超過等の場合は、税の心配はいりません。また、少数株主は配当還元方式（無配なら額面の50％で評価）によって評価されるので、承継税制等の税対策はほぼ不要です。

　少し補足すると、税制上の非上場株式評価における少数株主と支配株主の分岐点は、端的にいえば、株主グループ（同族グループ）が有する議決権ベースで30％または50％より上か下かで判定します。上の株主グループに属する株主は支配株主、それ以外は少数株主（配当還元方式で評価）となります。したがって、支配株主で、株価がそれなりに高い場合が承継税制等の税対策を検討する場面となります。

　支配株主の税制上の非上場会社の株式評価方式は会社規模によって、規模が小さい場合は主として所有している資産から評価される"時価純資産方式"、規模が大きい場合は主として上場している類似業種の株価

左から、渡邉美由紀氏、呉我春彦氏、植木康彦氏

② 事業承継に関わる税務問題（事業承継税制）

[資料33]

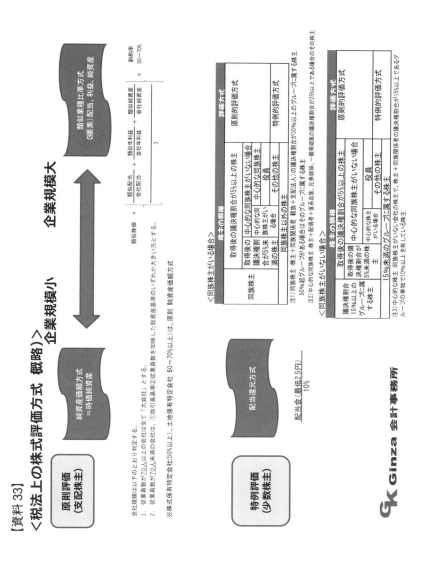

第1部　パネルディスカッション「事業承継の実務」

から評価される"類似業種比準方式"となります。主としてというのは、両方式を併用するケースがあるためです。

　非上場企業の株式は、この評価額に応じて贈与税や相続税が課せられますが、通常は株式の換金が困難なので、多くのケースで納税資金に困ると思います。そこで税対策が必要となりますが、従前の事業承継税制（以下、「従前税制」といいます。）は使い勝手が悪いといわれ、課税対象株式数を少なくする持株会の活用、株式評価額の低減を目的として生命保険、持株会社方式の活用等の代替的な税制が利用されてきたという経緯があります。ちなみに、従前の事業承継税制は誕生後約10年でわずか2,000件弱しか利用されなかったようです。

3　事業承継税制の改正点

植木　それではいよいよ、事業承継税制のパートに進んでいきたいと思います。

　事業承継税制は、平成21年度税制改正によって誕生（円滑化法施行日である平成20年10月1日以後の相続等に遡及して適用）しました。

　事業承継は喫緊の課題といわれながら、税制があまり利用されていないという実情を踏まえ、利用の大幅促進を図るために、平成30年度税制改正にて抜本的に見直しされた新税制＝特例事業承継税制に生まれ変わりました。従前税制も生きているので、2階建ての選択制となっています。なぜかというと、新税制は100％無税といった税制としてはかなり刺激的な内容で10年限定の制度として生まれたので、従前税制も生かしているというわけです。といっても、今後10年間は明らかに新税制の方が有利です。

　それでは、新税制に詳しい渡邉先生、まずは従前税制と比べて何がどのように変わったのか、従前に比べてどこが便利になったのかなどについて、ご説明お願いします。

[2] 事業承継に関わる税務問題（事業承継税制）

【資料34】

<従前税制と新税制の比較>

項目	従前税制	新税制
対象株式	発行済議決権株式総数の2/3	全株
猶予割合	相続80%、贈与100%	100%
贈与者	先代経営者	先代経営者＋その他
後継者	後継者1名	後継者最大3名 （10%以上の持株）
雇用維持要件	5年平均80%維持	実質撤廃
経営承継期間経過後の減免要件	民事再生、会社更生時に再計算	譲渡、合併、解散時を加える
承継計画の提出	不要	要
提出期間	－	平成30年4月1日〜5年間
贈与等の期間	無	平成30年1月1日〜10年間
相続時精算課税	推定相続人等後継者のみ	推定相続人等以外も適用可

渡邉 税理士の渡邉と申します。よろしくお願いいたします。

さて、今般の改正では、これまで従前税制が適用を敬遠される原因となってきた多くの事項について、大幅な見直しが行われております。

いちばんの注目点は、税額猶予の対象となる株式数の上限の撤廃と、相続税額の猶予割合が80%から100%へ引き上げられた点です。

従前税制では、対象となる株式数の上限は、議決権株式総数の3分の2に至るまで、相続税の猶予割合は80%と規定されておりました。そのため、たとえば先代経営者が100%株式を保有しており、これをすべて後継者へ承継した場合では、保有株式の3分の2について80%、つまり税額全体の53%ほどしか猶予されなかったのです（贈与の場合のみ100%）。しかし新税制においては、相続でも贈与でも適用対象株式数に上限がなく、税額は100%猶予となりますので、無税で株式を承継できることとなりました。

ちなみに、承継税制では、「先代経営者」「後継者」という用語がよくでてきます。後の利用要件でもご説明しますが、原則として代表権の承

継が必要なためそのように呼称しておりますが、親族承継だけでなく、親族外承継でも、無償の場合に限り認められております。

次に、従前税制は、親族内筆頭株主である先代経営者から親族内筆頭株主となる後継者へ1対1の株式承継のみを適用の対象としておりましたが、新税制では、複数の株式保有者から複数の後継者へ、つまり多対多の株式承継も可能となりました。

この改正により、後継者を1人に限定せず、兄弟姉妹に均等に配分したいという場合にも対応が可能となりました。たとえば、兄弟が2人いる場合、従前は認められなかった2人ともに承継させたいというニーズにも対応できます。また現状株式が分散してしまっているという場合には、セオリーどおり株式を後継者へ集中させ整理するということも、事業承継を機に税負担なく行うことができるようになりました。

また、従前、承継税制の適用において最大のハードルとされていた雇用維持要件については、事実上撤廃となっています。承継税制による優遇は、当初はあくまでも税額の猶予ですので、最終的に税額がすべて免除されるまでの相当期間については、常に適用要件の遵守義務と、抵触してしまった場合の猶予取消しリスクを抱えていくことになっていました。これらの要件の中で、最も遵守が困難であるとされていたのがこの雇用維持要件です。

従前税制では、贈与・相続後の経営承継期間において、雇用者数を平均で80％維持できなかった場合には猶予が停止され、猶予税額を一括納付する必要がありました。雇用者数については経済状況の影響を受けやすく、経営努力だけではコントロールしきれない要素であり、当要件については各方面から緩和の要請がなされてきたという経緯がございます。実際、承継税制制定当初の規定では雇用要件はさらにきびしく、毎年度一定時点で80％確保の確認が求められていましたが、新税制創設直前までには、経営承継期間の5年内の平均数、かつ従業員の確保が困難な零細企業に配慮し端数を切り捨てる等々、徐々に緩和されてきておりました。しかし、納税者が求める抜本的な改革には至っておりません

② 事業承継に関わる税務問題（事業承継税制）

でした。

　新税制においてようやく大きな方向転換が図られ、引き続き雇用80％の維持の要件はあるものの、達成できなかった場合には一定の事由を記載した「理由書」を都道府県に提出することで、猶予の継続が認められることとなりました。

　その他、経営承継期間経過後における譲渡等の場合に、株価の再計算の規定が設けられた点も大きな進展です。承継税制では、贈与または相続時の価額で猶予税額が計算され、この金額が最終的な免除の段階に至るまで引き継がれる、ということが大きな特徴となっています。

　当規定のもともとの趣旨は、株価が上昇傾向にあることを前提に、贈与等の時において税額を固定し、株式承継後の株価の上昇に関する税額について課税を放棄することを後継者へのインセンティブとするものでありました。しかし、納税者側としては、現在株価が高いから承継税制を検討するのであって、承継後、後継者が業績を変わらず維持できるか否かは不明です。むしろ、事業承継を機に経営が傾いてしまうケースは残念ながら少なくはありません。

　従前税制では、民事再生や会社更生等の限定された場合を除き、株式の譲渡や対象会社の解散等があった場合には猶予が停止となり、贈与や相続時の価額で計算された猶予税額を一括納付する必要がありました。承継税制の適用時期によっては、猶予税額が高止まりしてしまい、その後の会社運営について選択肢が大きく制限されてしまうことになります。つまり、会社の業績がよく株価が非常に高い時期に承継税制を適用した後、会社の業績が傾き株価が下落してしまったような場合には、売却や自主廃業により、その時の株価に見合わない納税が発生してしまう結果となるのです。また経営上有利なM&Aや組織再編についても、株式譲渡や減資を伴う場合には同様の結果となりますので、そういう制度は選択できないということになっていました。

　新税制では、経営承継期間経過後の譲渡等においては、事業の継続が

困難な事由が生じた場合等、一定の事由要件はあるものの、譲渡時の価額により税額を再計算することが可能となりましたので、このような懸念が大きく軽減しています。

　また、従前は推定相続人のみに認められていた相続時精算課税ですが、見直しにより、20歳以上であれば推定相続人以外の者でも、贈与者が60歳以上の場合には認められることになりました。これによって、他の親族、会社の役員・従業員等に対する事業承継もやりやすくなったものと思われます。
　最後に、新税制は10年間利用できますが、平成30年4月1日から平成35年3月31日までの間に、都道府県に対し特例承継計画書の提出を行った企業のみ適用が可能となっておりますので、ご注意ください。

4　新事業承継税制の適用要件

植木　渡邉先生、ご説明ありがとうございます。
　新税制では、贈与も相続も、無税での承継が可能になったということですね。贈与や相続の時点では免除ではなくあくまでも税の猶予ですが、それでも利用しない手はないと思います。
　それでは次に、新税制を利用するための適用要件について、呉我先生、ご説明をお願いします。
呉我　公認会計士の呉我と申します。
　新税制の適用要件について説明します。説明の前提として、新税制は、贈与・相続どちらでも使えますが、通常は承継計画に沿った実行が可能な生前贈与で行われるケースが多いので、本日も贈与ケースについて説明しますが、相続ケースもほぼ同じです。
　新税制の適用要件は、大きく、適用開始時の要件（「入口要件」といいます）と、適用開始後に遵守すべき要件（「事後要件」といいます）の2つに分けられます。

2 事業承継に関わる税務問題（事業承継税制）

[資料35]
〈贈与ケースの適用要件〉

		要件	要件の概要
入口要件	1	先代経営者（贈与者）要件	・会社の先代代表者（贈与前に辞任必要）で、同族関係者の同族関係者と合わせて議決権過半数を有すること・他の同族関係者と合わせて議決権過半数を有すること※贈与者が複数の場合、先代経営者以外の贈与は、先代経営者の贈与以後に行うこと
	2	後継者（受贈者）要件	・会社の代表者であり、同族関係者の中で筆頭株主（議決権ベース）となること・他の同族関係者と合わせて議決権過半数を有すること※後継者と特別な関係がある者の中で最も多くの議決権数を保有することとなること（他の後継者を除く）の中で最も多くの議決権数を保有し、かつ、後継者と特別な関係がある者（他の後継者を除く）の中で最も多くの議決権数を保有することとなること・贈与の時点で役員、3年以上役員で、かつ、贈与の日時点で20歳以上であること・株式の取得等について、後継者が1人の場合と複数の場合とで以下の要件がある（ア）後継者が1人の場合　i）a≧b×2/3-cの場合…「b×2/3-c」以上の株数　ⅱ）ⅰ）以外の場合…「a」のすべての株数（イ）後継者が複数の場合次のすべてを満たす株数　i）d≧b×1/10　ⅱ）d＞贈与後におけるいずれの先代経営者等の有する会社の非上場株式等の数　　a 贈与の直前において後継者等が有していた会社の非上場株式等の数　　b 贈与の直前の会社の発行済株式等（議決権に制限のないものに限る。）の総数　　c 贈与後における後継者の有する会社の非上場株式等の数　　d 贈与後における後継者の有する会社の非上場株式等の数
	3	会社	・会社および会社の特定特別関係会社が、中小企業者で、風俗営業に該当しないこと（特定特別関係会社…特別関係会社（代表者およびの同族関係者で議決権の50%超を保有する会社）のうち、代表者および生計を一にする親族が議決権の50%超を保有する会社）・上場会社でなく、風俗営業会社に該当しないこと、ただし、3年以上商品販売業等を営み、親族外従業員の数が常時5名以上であり、事務所等を有する場合は0K
事後要件	4	経営承継期間（申告期限から5年）	・後継者が代表者であり続けること・後継者は株式を保有し続けること・会社の雇用を平均80％以上維持すること（満たせない場合は理由書提出で猶予継続）・資産管理会社に該当せず、上場会社・風俗営業会社に該当せず、売上はゼロ円超、資本金・準備金を減少せず、解散しないこと（黄金株、種類株式を後継者以外の者が保有していないこと）
	5	経営承継期間経過後	・株式を保有し続けること（全部または一部）なお、経営環境変化（過去3年のうち2年以上赤字などに該当）する場合、解散・合併・売却 0K、解散 0K・社長退任は0K、雇用維持は不要、上場会社・風俗営業会社に該当せず、資本金の制限なし・資産管理会社に該当せず、解散せず、種類株式 0K、売上はゼロ円超、資本金・準備金を減少せず、解散しないこと（経営環境変化による解散 0K）

(1) 適用開始時の要件（入口要件）

呉我 適用開始時の要件（入口要件）としては、以下の3つがあります。

① 先代経営者＝贈与者としての要件

呉我 この要件は、贈与者は会社の先代代表者（贈与前に辞任要）で、同族グループ（親族）の中で筆頭株主（議決権ベース）であり、同族グループあわせて議決権の過半数を有する必要がある、という要件です。

今般の改正によって、上記原則パターンに加えて複数の株主、たとえば経営者の妻などが有する株式の贈与も承継税制の対象となりましたが、先代経営者からの贈与（原則パターン）以後に追随して行わないと適用できない点に注意が必要です。

② 後継者＝受贈者としての要件

呉我 この要件は、事業承継により後継者となる者が、株式の贈与の時に会社の代表者であり、同族グループ（親族）の中で筆頭株主（議決権ベース）となることが求められている要件です。また、同族グループで議決権の過半数を保有していなければなりません。さらに、贈与の場合には、3年以上取締役で、かつ20歳以上であることが必要です。

なお、今般の改正によって、後継者は最大3名まで認められることになったので、実際に使うかどうかは別ですが、集団指導体制の設計も可能となりました。

後継者の要件には、取得する株式の数および議決権の数にかかる要件もありますので、後継者が1人の場合と複数の場合に分けて説明します。

２ 事業承継に関わる税務問題（事業承継税制）

(ア)　後継者が１人の場合
　後継者と特別な関係がある者の中で、最も多くの議決権数を取得する必要があります。また、以下の株式数を取得する必要があります。
　ⅰ）　$a \geq b \times 2/3 - c$ の場合…「$b \times 2/3 - c$」以上の株数
　ⅱ）　ⅰ）以外の場合…「a」のすべての株数（一括贈与）
　　　　a：贈与の直前において先代経営者等が有していた会社の非上場株式の数
　　　　b：贈与の直前の会社の発行済株式等（議決権に制限がないものに限る）の総数
　　　　c：後継者が贈与の直前において有していた会社の非上場株式等の数

(イ)　後継者が複数の場合
　総議決権数の10％以上の議決権数を保有し、かつ、後継者と特別な関係がある者（他の後継者を除く）の中で、最も多くの議決権数を保有する必要があります。また、以下のすべての要件を満たす必要があります。
　ⅰ）　$d \geq b \times 1/10$
　ⅱ）　d＞贈与後における先代経営者等の有する会社の非上場株式等の数
　　　　b：贈与の直前の会社の発行済株式等（議決権に制限がないものに限る）の総数
　　　　d：贈与後における後継者等の有する会社の非上場株式等の数

　①と②の要件は、あげる人ともらう人なので、代表権と筆頭株主が贈与を機に移動するとイメージしていただくとわかりやすいと思います。

③ 会社としての要件

呉我 まず、会社自身が、中小企業者で、上場会社・風俗営業を行う会社に該当しないことが必要です。中小企業者かどうかは、業種ごとに、資本金と従業者数で決まります。該当要件は【資料36】のとおりで、業種ごとに資本金要件か従業員数要件のいずれかを満たせば中小企業者となりますが、端的にいえば、どのような業種であっても、資本金が5,000万円以下であれば中小企業者に該当します。

なお、上場会社が除かれた理由は、株式市場での資金調達も可能であり、納税猶予制度の趣旨とはなじまないためと考えられます。また、風俗営業を行う会社も、社会政策的な見地から適用範囲から除かれています。

この、中小企業者で、かつ、上場会社・風俗営業を行う会社に該当しない、という要件は、対象会社の特定特別関係会社も同様に守らなければなりません。特定特別関係会社とは、特別関係会社（対象会社、代表者および同族関係者が議決権の50％超を保有する会社）のうち、対象会社、代表者および生計を一にする親族が議決権の50％超を保有する会社のことをいいます。

次に、資産管理会社、すなわち、資産保有型会社や資産運用型会社に該当する場合は、対象外です。資産保有型会社とは、一定の有価証券、

【資料36】

業種目	資本金	従業員数
製造業その他	3億円以下	300人以下
製造業のうちゴム製品製造業（自転車又は航空機用タイヤ及びチューブ製造業並びに工業用ベルト製造業を除く）	3億円以下	900人以下
卸売業	1億円以下	100人以下
小売業	5,000万円以下	50人以下
サービス業	5,000万円以下	100人以下
サービス業のうちソフトウェア業又は情報処理サービス業	3億円以下	300人以下
サービス業のうち旅館業	5,000万円以下	200人以下

（注）資本金と従業員数は、どちらかを満たせばOKです。

②事業承継に関わる税務問題（事業承継税制）

【資料37】

資産保有型会社とは
下記の算式により判定を行います（租税特別措置法第70条の7第2項第8号）（円滑化法施行規則第1条12項）。

$$\frac{\text{特定資産の帳簿価額の合計額}※}{\text{資産の帳簿価額の総額}※} \geq 70\%$$

※本人及び同族関係者に支払われた配当及び損金不算入役員給与を加算します

【特定資産とは】（円滑化法施行規則第1条12項第2号）
①有価証券等（申請者の特別子会社のうち、資産保有型・運用型会社に該当しないものの株式等は除く）
②自ら使用していない不動産（事業に供している賃貸不動産・棚卸資産・役員用住宅を含む。）
③ゴルフ会員権、スポーツクラブ会員権、リゾート会員権等
④事業の用に供していない絵画・彫刻・貴金属・工芸品等の文化的動産、貴金属、宝石等
⑤現預金等（保険積立金、同族関係者への貸付金等を含む）

資産運用型会社とは
下記の算式により判定を行います（租税特別措置法第70条の7第2項第9号）（円滑化法施行規則第1条13項）。

$$\frac{\text{特定資産の運用収入}※}{\text{総収入金額}※} \geq 75\%$$

※本人及び同族関係者に支払われた配当及び損金不算入役員給与を加算します

【特定収入とは】
特定資産から生ずる収入
➡特定資産である有価証券からの配当、特定資産である不動産からの賃料収入、特定資産の譲渡収入等

　自ら使用していない不動産、現金預金等――これら資産を特定資産といいますが、特定資産の保有割合が総資産簿価の70％以上の会社をいいます。資産運用型会社は特定資産の運用収入、たとえば特定資産の賃料収入や譲渡収入等の総収入に占める割合が75％以上の会社をいいます。このような会社は、ある意味で事業を営んでいるとはいえないので除かれています。

　しかし、後記の3要件すべてに該当する場合には、資産保有型会社、資産運用型会社に該当する場合でも、事業実態がある会社として資産管理会社に該当しないものとみなされます。

第1部　パネルディスカッション「事業承継の実務」

A	常時使用従業員数（経営承継受贈者または経営承継相続人およびこれらの者と生計を一にする親族を除く）が継続して5人以上であること
B	事務所、店舗、工場その他これに類するものを所有し、または賃借していること
C	贈与の日（または相続開始の日）まで引き続き3年以上にわたり次のいずれかの業務を行っていること (イ)　商品販売等（商品の販売、資産の貸付け（同族関係者に対する取引以外のもの）または役務の提供で、継続して対価を得て行われるもの。その商品の開発・生産、役務の開発を含む） (ロ)　商品販売等を行うために必要となる資産の所有または賃貸（Bの事務所等を除く） (ハ)　上記に類するもの

　このうち、Aの「常時使用従業員数が継続して5人以上であること」の要件が、最も重要な要件となります。
　資産管理会社およびその適用除外要件の判定は複雑かつ微妙な点もあるので、必ず専門家に事前相談されることをお勧めします。
　次に、適用開始後に遵守すべき要件（事後要件）を説明します。

(2)　適用開始後に遵守すべき要件（事後要件）

①　経営承継期間（5年間）に遵守すべき要件
呉我　経営承継期間とは、贈与税の納税猶予の適用にかかる申告書提出期限の翌日から5年間です。
　経営承継期間の間は、ⅰ）後継者は代表権を保持し、承継した株式の保有を継続し続ける必要があります。株式を売却してはいけません。ⅱ）上場会社、風俗営業を行う会社でないこと、資産管理会社でないことの要件を守り続ける必要があります。ⅲ）都道府県への報告および税務署への届出が毎年必要となります。

② **経営承継期間（5年間）経過後に遵守すべき要件**

呉我 経営承継期間経過後は、要件がだいぶ緩くなります。ⅰ）株式の保有は引き続き必要ですが、代表者要件が不要となります。ⅱ）資産管理会社でないことの要件は求められますが、上場会社、風俗営業を行う会社でないことの制限がなくなります。ⅲ）税務署への届出は3年に1回ですみ、都道府県への報告は不要となります。

なお、承継した株式は原則として保有し続ける必要がありますが、5年内と異なり、売却したとしても売却分の猶予税を納付すれば足ります。また、経営環境の悪化等の事由（ⅰ）過去3年間のうち2年以上赤字、ⅱ）過去3年間のうち2年以上売上減の場合、ⅲ）有利子負債が6か月分の売上以上となっている場合、ⅳ）類似業種の上場企業の株価が前年の株価を下回る場合、ⅴ）心身の故障等により後継者による事業の継続が困難な場合（譲渡・合併のみ））があれば、株式を譲渡、合併、解散した場合に、納付税額の再計算が認められます。税額の再計算は解散時の相続税評価額または実際の譲渡価格（譲渡時の相続税評価額の50％に相当する金額が下限となる）をもとに行われますが、再計算した税額と直前配当等の金額との合計額が当初の納税猶予額を下回る場合には、その差額は免除されます（再計算した税額は納付します）。

以上が、新税制の適用要件についての説明となります。

5　利用の流れ

植木 呉我先生、ご説明ありがとうございます。

なるほど、あくまで税の猶予制度なので、要件としては、入り口要件に加えて事後要件もあるということですね。入り口要件と事後要件の組合せ自体は従前税制と同様ですが、それぞれの要件はずいぶん緩和されているように感じます。

それでは続いて、承継税制の利用の流れに進みたいと思います。

承継税制は相続と贈与の両方ともに利用できますが、通常は、計画で

きない相続でなく、承継計画が立てやすい贈与でスタートするのが一般的かと思います。

　渡邉先生、猶予された税がいつ免除されるのかなども含めて、利用の流れ＝利用の全体像について、ご説明いただけますでしょうか。

渡邉　そうですね。それでは贈与ケースでご説明します。

　まず、新税制を適用する場合では、承継計画の策定が第1歩となります。それから贈与の実行へと進みますが、先代経営者と呼称されるように、贈与者は贈与時には代表者を退任していることが求められます（取締役としての地位の維持は可能）ので、先代経営者（1代目）から後継者（2代目）へ代表の交代を行った上で、株式を後継者へ生前贈与する流れとなります。複数の株式保有者（たとえば、先代経営者の妻）から贈与を行う場合には、この贈与に引き続き、贈与を実行することになります。

　贈与後に、会社は期限内（贈与翌年1月15日）に都道府県の担当部局に必要書類をそろえて認定申請を行い、この認定書の写しとともに、後継者（2代目）の贈与税の申告期限内（贈与翌年3月15日）に税務署へ贈与税の申告を行います。申告時に、猶予税額とこれに対する利子税に相当する担保の提供を行いますと、この株式贈与についての後継者の贈与税は、100％猶予されることとなります。

　なお、特例承認計画の提出期限は、平成35年3月31日までとなっております。承継計画は、会社が認定経営革新等支援機関（認定を受けた税理士・公認会計士等）の指導・助言を受けて作成し、通常は贈与前に都道府県に提出します。しかし、平成35年3月31日までであれば、贈与・相続後の提出でも認められます。

　贈与税の申告期限の翌日から5年間は、要件のきびしい経営承継期間です。この間、後継者（2代目）は代表者であり続け、対象となった株式は保有し続ける必要があります。また、先代経営者（1代目）は代表権を有することは禁じられていますが、有給役員として会社に在籍することが可能となっていますので、後継者（2代目）を支え、ともに要件遵守をサポートできると理想的です。

② 事業承継に関わる税務問題（事業承継税制）

[資料38]
<適用イメージ（贈与）>

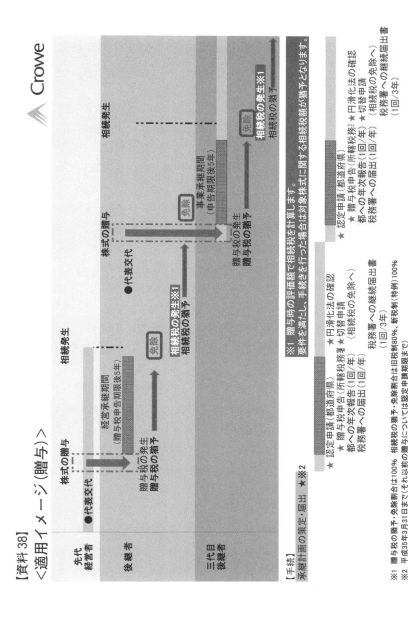

申告期限の翌日から5年間は、都道府県への報告は毎年申告期限応当日の翌日から3か月以内に、税務署への届出書は5か月以内に提出が必要です。5年を過ぎると、3年を経過するごとに税務署に届出書の提出が必要ですが、都道府県への報告は不要です。

やがて、先代経営者（1代目）が亡くなりますと、後継者（2代目）が猶予されていた贈与税は、いったん全額免除されます。後継者（2代目）が贈与を受けた株式は、贈与時の価額で後継者（2代目）が相続または遺贈により取得したものとみなされ、他の相続財産と合算して改めて相続税額が計算されます。

会社は、先代経営者（1代目）の死亡後期限内（8か月）に都道府県の担当部局に対して切替申請を行い、要件を満たしていることについて確認を受けると、対象株式に対して新たに発生した相続税は、相続税の猶予・免除制度の適用により引き続き猶予されることとなります。この切替手続を失念してしまい、相続税の猶予・免除制度が適用できなくなってしまうケースが発生しているということですので、注意が必要です。なお、従前税制では相続税額の80％猶予制度へ切り替わることにより、いったん20％部分を納付することとなっておりますが、新制度では相続税も100％猶予となります。

2代目の後継者から次の後継者（3代目）へ株式を承継税制により生前贈与し、無事次の世代へ承継できたところで、2代目の後継者が猶予されていた相続税は晴れて免除となります。他方、後継者（2代目）の死亡により相続が発生した場合も、同様に免除されます。

以上の流れを、適用が可能なかぎり代々繰り返していきますと、税金の負担が非常に軽い状態で株式を承継していける、ということになります。ただし、新税制はあくまで平成39年12月31日までの制度ですので、今のところ平成40年以降は従前制度のみの適用となります。

なお、平成39年12月31日までに対象株式を贈与した場合のその後の新税制の適用に関してですが、平成39年12月31日までに贈与をした場合には、先代経営者の死亡によるみなし相続は、平成40年以降何

年先になっても新税制が認められることになっています。

　相続の場合は、新税制適用には贈与ケースと同様に承認計画の策定が予め必要ですが、他の実質的な適用関係は、先代経営者が亡くなり相続が発生したところから開始となりますので、手続の流れは比較的シンプルです。ただし、相続発生直後の不安定な状況の中、後継者単独で5年間の経営承継期間を乗り切らなければならないところは、大きなデメリットです。

　もちろん、計画的に事業承継を進めていくためには贈与ケースが適していますし、また、新税制は平成39年12月31日までに実際に贈与・相続が発生したケースのみ適用が可能となりますので、それまでの相続発生が見込まれない場合には、贈与ケースの一択となろうかと思います。他方、税制としては贈与ケースの方が相続ケースよりも複雑で、要件もきびしくなっております。先ほど触れましたように、贈与から相続への切替申請の手続、および相続発生時の要件確認手続が追加となりますし、要件自体も、たとえば後継者の役員就任状況について、相続の場合では相続直前の就任でよいのに対し、贈与の場合では贈与時において就任後3年以上経過していることを要します。また、株価が減少傾向にある場合には、贈与を選択したことで猶予税額が高く計算されてしまい、相続で承継するよりも結果的に不利となってしまう可能性もあります。

　このように、年数要件や、選択の判断に必要な確認事項も多々ございますので、適用にあたっては、贈与ケースを前提に、早期着手と計画的な取組みの上、要件整備を行いながら有利不利の判断も慎重に下していく必要があります。

第1部 パネルディスカッション「事業承継の実務」

[資料39]

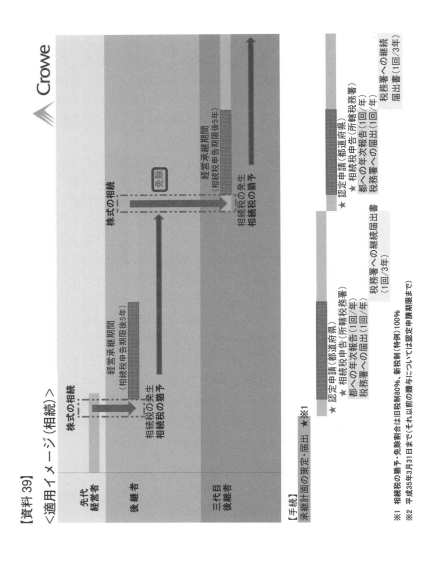

6　新事業承継税制を利用する場合の留意点

渡邉　以上のように、適用に至るまでには大きなハードルはあるものの、これをクリアできるのであれば、効果は絶大です。私は適用が可能な中小企業では、積極的に新税制を活用いただきたいと考えておりますが、植木先生、適用にあたり、特に注意が必要と思われる点はどのような部分になりますでしょうか。

植木　そうきましたね。わかりました。

　新税制は従前税制と比べて税務メリットがとても大きく、各要件も大幅に緩和されたので、事業承継に際しては、新税制の利用を前提とした前向きな検討が必要と思います。他方で、税制の要件を含めて、利用に際しては大きく5つの留意点があると考えております。

(1)　改正後事後要件に注意

植木　新税制においても、事後要件（贈与・相続後も遵守すべき要件）がありますが、特に、①5年間は代表者を辞められない、②5年間は承継した株式を売却できない、つまり、対象とした株式は持ち続ける必要があるという2点に、注意していただきたいと思います。

　なお、事後要件に違反すると猶予された税を納付しなければならないのですが、申告期限の翌日から5年間は税額の再計算が認められておりません（5年経過し、経営環境変化等がある場合は再計算が認められます）。

　このような心配がある場合、ない場合もですが、以下のような対策を事前に講じておくことで、いざというときの保険をかけておくのも一法です。

①　相続時精算課税の適用

植木　贈与税の申告時に相続時精算課税（税率20％ですむ方法）の届出を行っておけば、事後要件に違反したときの贈与税負担を、20％に抑えることができます。

② 持株会社化

植木 承継税制の適用を受けた会社の株式は、5年間は1株であっても売却することは許されません。しかし、予め持株会社化し、持株会社で事業承継税制の適用を受けておけば、子会社の株式はいつでも売却可能です。ただし、資産管理会社等に該当しないような注意は必要です。

【資料40】持株会社化の方法例

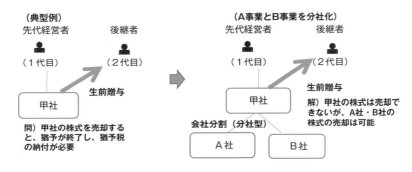

(2) 後継者コントロール

植木 事業承継税制は、相続または贈与の時点で議決権が後継者に完全移転することを要件としています。しかし、完全移転したとたんに豹変する後継者がいるのも現実です。後継者のコントロールに懸念がある場合は、株式移転前に周到に準備をするか、あるいは、承継税制を利用せずに株式を移転するか、慎重な検討が必要です。

(3) 事業承継税制ありきでは、うまくいかない

植木 当たり前の話ですが、事業承継は、税制面だけに注意すればうまくいくものでなく、むしろ税制面だけに注力すると失敗するケースも多いといえます。私は、事業承継は、4つの視点、つまり税制面に加えて、ビジネス面（承継する事業の価値は何なのか、それは誰が有しているかの分

析とディスカッション、事業承継の課題と対応策の立案等）、法制面（民法特例、遺留分等）、金融面（株取得資金、債務保証等）からの多面的なアプローチが重要と考えています。

　今日はせっかく弁護士の先生が壇上にいらっしゃいますので、法制面からのコメントをいただければと思います。

富永　たしかに、事業承継においては、税務面の検討は大変重要なのですが、法務面では、特に親族内承継の場合、のちのち遺留分が問題とならないよう気をつける必要があります。遺留分については、通常は遺言書を作ってその中で対処することになりますが、そのほか、民法1043条の遺留分の事前放棄の制度の利用や、経営承継円滑化法に規定されている民法特例（除外合意・固定合意）を利用することが考えられます。民法特例の内容については、【資料42】の2.にて中小企業庁の説明資料がありますので、ご参照下さい。

植木　富永先生、ありがとうございました。

　たしかに、遺留分は十分に留意しなければならないですよね。

(4)　新事業承継税制と他の税制との使い分けまたは組合せ

植木　税制面は、いわずもがな新税制が中心になりますが、無税であったとしても、株価対策を無視するわけにはいきません。事後要件（贈与・相続後も遵守すべき要件）に違反して猶予された税金の納付が発生した場合や、相続税の計算方法の問題（相続税は累進課税で計算されるため、株価が高いと株式以外の資産に対する税額が増加する）などがあり、株価はできるだけ低くしておいた方が有利です。したがって、他の税制との組合せによる株式評価減対策等は非常に有効です。

(5)　しっかりとした事業承継計画を作る

植木　新税制を利用するための「承継計画」＝様式第21（【資料41】）は、きわめてシンプルで数分もあれば作成できます。これは新税制の利用を促すという意味ではよく理解できます。しかし、事業承継は、単な

る株式承継ではなく事業自体の承継ですから、円滑に実行するためには、前記の4つの視点、つまり事業面、金融面、法制面、税制面を総合的に勘案した「事業承継計画」を作成し、計画に沿って事業承継を行うべきと考えます。

　税務チームの先生方、最後にご意見ありますでしょうか。

呉我　もろもろの注意点はあったとしても、株式にかかる相続または贈与が無税となる新税制を使わない手はないので、注意点に気を付けてうまく利用してほしいと思います。

渡邉　新税制は10年間限定です。利用のためには平成30年4月から5年以内に都道府県へ承継計画書の提出が必要となるので、適用の可能性が少しでもある場合には、すぐにでも計画書の作成に取りかかっていただきたいと思います。最終的に適用しないとの判断となる場合でも、この税制改正をきっかけとして事業承継へ早期着手することが、将来的な事業継続のために大きく寄与するのではないかと思います。

植木　先生方、どうもありがとうございました。

　駆け足でわかりにくい点も多々あったかと思いますが、最後までご清聴ありがとうございました。

富永　税務チームの先生方のお話の内容は、本来なら2～3時間分の内容でございまして、それを私が無理をいって30分に抑えてくれるようお願いしました。本当はもっといろいろな内容があったのですが、進行の立場からどんどん削っていただき、おかげで予定内に収まったということで、本当にどうもありがとうございました。

　以上をもちまして、パネルディスカッションのPart 1は終了とさせていただきます。

2 事業承継に関わる税務問題（事業承継税制）

【資料41】

様式第21

施行規則第17条第2項の規定による確認申請書
（特例承継計画）

年　月　日

都道府県知事　殿

郵 便 番 号
会 社 所 在 地
会　社　名
電 話 番 号
代表者の氏名　　　　　　　印

　中小企業における経営の承継の円滑化に関する法律施行規則第17条第1項第1号の確認を受けたいので、下記のとおり申請します。

記

1　会社について

主たる事業内容	
資本金額又は出資の総額	円
常時使用する従業員の数	人

2　特例代表者について

特例代表者の氏名	
代表権の有無	□有　□無（退任日　年　月　日）

3　特例後継者について

特例後継者の氏名（1）	
特例後継者の氏名（2）	
特例後継者の氏名（3）	

4　特例代表者が有する株式等を特例後継者が取得するまでの期間における経営の計画に

第 1 部　パネルディスカッション「事業承継の実務」

ついて	
株式を承継する時期（予定）	年　月　〜　　年　月
当該時期までの経営上の課題	
当該課題への対応	

5　特例後継者が株式等を承継した後 5 年間の経営計画

実施時期	具体的な実施内容
1 年目	
2 年目	
3 年目	
4 年目	
5 年目	

2 事業承継に関わる税務問題（事業承継税制）

（備考）
① 用紙の大きさは、日本工業規格 A4 とする。
② 記名押印については、署名をする場合、押印を省略することができる。
③ 申請書の写し（別紙を含む）及び施行規則第 17 条第 3 項各号に掲げる書類を添付する。
④ 別紙については、中小企業等経営強化法に規定する認定経営革新等支援機関が記載する。

（記載要領）
① 「2　特例代表者」については、本申請を行う時における申請者の代表者（代表者であった者を含む。）を記載する。
② 「3　特例後継者」については、該当するものが一人又は二人の場合、後継者の氏名（2）の欄又は（3）の欄は空欄とする。
③ 「4　特例代表者が有する株式等を特例後継者が取得するまでの期間における経営の計画」については、株式等を特例後継者が取得した後に本申請を行う場合には、記載を省略することができる。

第1部 パネルディスカッション「事業承継の実務」

(別紙)

認定経営革新等支援機関による所見等

1 認定経営革新等支援機関の名称等

認定経営革新等支援機関の名称	印
(機関が法人の場合)代表者の氏名	
住所又は所在地	

2 指導・助言を行った年月日
　　　　　年　　月　　日

3 認定経営革新等支援機関による指導・助言の内容

2 事業承継に関わる税務問題(事業承継税制)

【資料42】

事業承継と民法＜遺留分＞

『事業承継を円滑に行うための遺留分に関する民法の特例』

- 相続までに自社株の価値が上昇すると、想定外の遺留分の主張を受けないか心配だ。
- 後継者に自社株を集中させたいが、相続紛争が心配だ。
- 民法の遺留分の事前放棄は利用しにくい。

相続紛争や自社株式の分散を防止でき、後継者にスムーズに事業を承継できます！

中小企業庁

出典:「事業承継を円滑に行うための遺留分に関する民法の特例」(経済産業省)
http://www.chusho.meti.go.jp/zaimu/shoukei/pamphlet/2012/download/1003Shoukei-3.pdf.

第 1 部　パネルディスカッション「事業承継の実務」

1. 事業承継における遺留分の問題

現経営者 (例えば父) が、生前贈与や遺言によって後継者 (例えば長男) に自社株式を集中し、事業を承継しようとしても、うまくいかない場合があります。

それは、相続人には原則として「遺留分」があるからです。

> **「遺留分」とは**
> 　本来、自分の財産は、誰に、どのようにあげるのも自由なはずですが、民法は、遺族の生活の安定や最低限度の相続人間の平等を確保するために、相続人 (兄弟姉妹及びその子を除く。) に最低限の相続の権利を保障しています。これが「遺留分」です。
> 　他の相続人が過大な財産を取得したため自己の取得分が遺留分よりも少なくなってしまった場合には、自己の遺留分に相当する財産を取り戻すことができます。
> 　遺留分の額は、遺留分算定基礎財産 (遺産に一定の生前贈与財産を加え、負債を差し引いた財産) に遺留分の割合 (原則 2 分の 1。父や母だけが相続人の場合は 3 分の 1) を掛けて算出します。

推定相続人が複数いる場合、後継者に自社株式を集中して承継させようとしても、遺留分を侵害された相続人から遺留分に相当する財産の返還を求められた結果、自社株式が分散してしまうなど、事業承継にとっては大きなマイナスとなる場合があります。

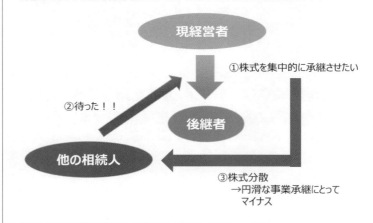

1

② 事業承継に関わる税務問題（事業承継税制）

2. 遺留分による紛争や自社株式の分散を防止するための対応策

　１．のような遺留分の問題に対処するため、経営承継円滑化法は、「遺留分に関する民法の特例」（以下「民法特例」といいます）を規定しています。

　この民法特例を活用すると、後継者を含めた現経営者の推定相続人全員の合意の上で、現経営者から後継者に贈与等された自社株式について、
①遺留分算定基礎財産から除外（除外合意）、又は
②遺留分算定基礎財産に算入する価額を合意時の時価（※）に固定（固定合意）
をすることができます（両方を組み合わせることも可能です）。

（※）固定する合意時の時価は、合意の時における相当な価額であるとの税理士、公認会計士、弁護士等による証明が必要です。評価方法の考え方は、「経営承継法における非上場株式等評価ガイドライン」(http://www.chusho.meti.go.jp/zaimu/shoukei/2009/090209HyoukaGuidelines.htm)
をご参照下さい。

①除外合意
　後継者が現経営者から贈与等によって取得した自社株式について、他の相続人は遺留分の主張ができなくなるので、相続に伴って自社株式が分散するのを防止できます。

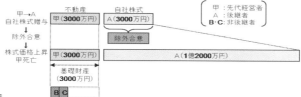

②固定合意
　自社株式の価額が上昇しても遺留分の額に影響しないことから、後継者は相続時に想定外の遺留分の主張を受けることがなくなります。

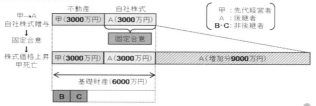

他にも方法はあるのですが‥‥‥「遺留分の事前放棄」

　民法でも、遺留分を有する相続人が、被相続人の生前に自分の遺留分を放棄することによって、相続紛争や自社株式の分散を防止することができます。
　ただし、遺留分を放棄するには、各相続人が自分で家庭裁判所に申立をして許可を受けなければならず負担が大きいこと、また、家庭裁判所による許可・不許可の判断がバラバラになる可能性があることなどから、自社株式の分散防止対策としては実際上は利用しにくくなっています。

3. 民法特例を受けるために行うこと

民法特例を利用するには、以下の要件を満たした上で「推定相続人全員の合意」を得て、「経済産業大臣の確認」及び「家庭裁判所の許可」を受けることが必要です。

<民法特例を利用するには、以下の主な要件を満たすことが必要です>

① 会　　社：・中小企業者であること。
　　　　　　・合意時点において3年以上継続して事業を行っている非上場企業であること。

② 現経営者：過去又は合意時点において会社の代表者であること。
　　　　　　（※現経営者は法律上「旧代表者」とされています。）

③ 後 継 者：・合意時点において会社の代表者であること。
　　　　　　・現経営者からの贈与等により株式を取得したことにより、会社の議決権の過半数を保有していること。
　　　　　　※推定相続人以外の方も対象となります
　　　　　　　（平成28年4月1日以降に合意したものに限る）。

（1）推定相続人全員及び後継者の合意

民法特例を利用するためには、現経営者の推定相続人全員(但し、遺留分を有する者に限る)及び後継者で合意をし、合意書を作成することが必要です。

<合意書の主な記載事項>

① 合意が会社の経営の承継の円滑化を図ることを目的とすること。

② 後継者が現経営者から贈与等により取得した自社株式について、遺留分の計算から除外する旨(除外合意)、又は、遺留分の計算に算入すべき価額を固定する旨(固定合意)。

③ 後継者が代表者でなくなった場合などに、後継者以外の者がとる措置。

④ 必要に応じ、推定相続人間の公平を図るための措置。

[2] 事業承継に関わる税務問題（事業承継税制）

合意書のイメージ
＜後継者Bが推定相続人である場合＞

旧代表者Aの遺留分を有する推定相続人であるB、C及びDは、中小企業における経営の承継の円滑化に関する法律（以下、単に「法」という）に基づき、以下のとおり合意する。

（目的－法7条1項1号）
第1条　本件合意は、BがAからの贈与により取得したY社の株式につき遺留分の算定に係る合意等をすることにより、Y社の経営の承継の円滑化を図ることを目的とする。

（確認－法3条2項及び3項）
第2条　B、C及びDは、次の各事項を相互に確認する。
① AがY社の代表取締役であったこと。
② B、C及びDがいずれもAの推定相続人であり、かつ、これらの者以外にAの推定相続人が存在しないこと。
③ Bが、現在、Y社の総株主（但し、株主総会において決議をすることができる事項の全部につき議決権を行使することができない株主を除く。）の議決権○○個の過半数である○○個を保有していること。
④ Bが、現在、Y社の代表取締役であること。

（除外合意、固定合意－法4条1項1号及び2号）
第3条　B、C及びDは、BがAからの平成○○年○○月○○日付け贈与により取得したY社の株式○○株について、次のとおり合意する。
① 上記○○株のうち□□株について、Aを被相続人とする相続に際し、その相続開始時の価額を遺留分を算定するための財産の
価額に算入しない。
② 上記○○株のうち△△株について、Aを被相続人とする相続に際し、遺留分を算定するための財産の価額に算入すべき価額を○○○円（1株あたり☆☆☆円。弁護士××××が相当な価額として証明をしたもの。）とする。

（後継者以外の推定相続人がとることができる措置－法4条3項）
第4条　Bが第3条の合意の対象とした株式を処分したときは、C及びDは、Bに対し、それぞれが、Bが処分した株式数に○○○円を乗じて得た金額を請求できるものとする。
2　BがAの生存中にY社の代表取締役を退任したときは、C及びDは、Bに対し、それぞれ○○○万円を請求できるものとする。
3　前二項のいずれかに該当したときは、C及びDは、共同して、本件合意を解除することができる。
4　前項の規定により本件合意が解除されたときであっても、第1項又は第2項の金員の請求を妨げない。

（法4条1項の株式等以外の財産に関する合意－法5条）
第5条　B、C及びDは、BがAからの平成○○年○○月○○日付け贈与により取得した○○について、Aを被相続人とする相続に際し、その価額を遺留分を算定するための財産の価額に算入しないことを合意する。

（衡平を図るための措置－法6条）
第6条　B、C及びDは、Aの推定相続人間の衡平を図るための措置として、次の贈与の全部について、Aを被相続人とする相続に際し、その価額を遺留分を算定するための財産の価額に算入しないことを合意する。
① CがAから平成○○年○○月○○日付け贈与により取得した現金1,000万円
② DがAから平成○○年○○月○○日付け贈与により取得した下記の土地
　　○○所在○番○○宅地○○㎡

（経済産業大臣の確認－法7条）
第7条　Bは、本件合意の成立後1ヵ月以内に、法7条所定の経済産業大臣の確認の申請をするものとする。
2　C及びDは、前項の確認申請手続に必要な書類の収集、提出等、Bの同確認申請手続に協力するものとする。

（家庭裁判所の許可－法8条）
第8条　Bは、前条の経済産業大臣の確認を受けたときは、当該確認を受けた日から1ヵ月以内に、第3条ないし第6条の合意につき、管轄家庭裁判所に対し、法8条所定の許可審判の申立をするものとする。
2　C及びDは、前項の許可審判申立手続に必要な書類の収集、提出等、Bの同許可審判手続に協力するものとする。

ここに示したのは合意書のイメージです。
実際の合意のときは、資産の内容や遺留分権利者の人数などの状況に十分に配慮しながら、当事者間で話し合ってまとめることが肝要です。
その際には、専門家にも相談されることをおすすめいたします。

第1部 パネルディスカッション「事業承継の実務」

合意書のイメージ
＜後継者Bが推定相続人でない場合＞

旧代表者Aの遺留分を有する推定相続人であるC、D及び後継者であるBは、中小企業における経営の承継の円滑化に関する法律（以下、単に「法」という）に基づき、以下のとおり合意する。

（目的－法7条1項1号）
第1条 本件合意は、BがAからの贈与により取得したY社の株式につき遺留分の算定に係る合意等をすることにより、Y社の経営の承継の円滑化を図ることを目的とする。

（確認－法3条2項及び3項）
第2条 B、C及びDは、次の各事項を相互に確認する。
① AがY社の代表取締役であったこと。
② B、C及びDがいずれもAの推定相続人であり、かつ、これらの者以外にAの推定相続人が存在しないこと。
③ Bが、現在、Y社の総株主（但し、株主総会において決議をすることができる事項の全部につき議決権を行使することができない株主を除く）の議決権○○個の過半数である○○個を保有していること。
④ Bが、現在、Y社の代表取締役であること。

（除外合意、固定合意－法4条1項1号及び2号）
第3条 B、C及びDは、BがAからの平成○○年○○月○○日付け贈与により取得したY社の株式○○株について、次のとおり合意する。
① 上記○○株うち□□株について、Aを被相続人とする相続に際し、その相続開始時の価額を遺留分を算定するための財産の価額に算入しない。
② 上記○○株うち△△株について、Aを被相続人とする相続に際し、遺留分を算定するための財産の価額に算入すべき価額を○○○円（1株あたり☆☆☆円。弁護士××××が相当な価額として証明をしたもの）とする。

（後継者以外の推定相続人がとることができる措置－法4条3項）
第4条 Bが第3条の合意の対象とした株式を処分したときは、C及びDは、Bに対し、それぞれが、Bが処分した株式数に○○○万円を乗じて得た金額を請求できるものとする。
2 BがAの生存中にY社の代表取締役を退任したときは、C及びDは、Bに対し、それぞれ○○○万円を請求できるものとする。
3 前二項のいずれかに該当したときは、C及びDは、共同して、本件合意を解除することができる。
4 前項の規定により本件合意が解除されたときであっても、第1項又は第2項の金員の請求を妨げない。

（法4条1項の株式等以外の財産に関する合意－法5条）
第5条 B、C及びDは、BがAからの平成○○年○○月○○日付け贈与により取得した○○について、Aを被相続人とする相続に際し、その価額を遺留分を算定するための財産の価額に算入しないことを合意する。

（衡平を図るための措置－法6条）
第6条 B、C及びDは、Aの推定相続人と後継者との間の衡平、及びAの推定相続人間の衡平を図るための措置として、次の贈与の全部について、Aを被相続人とする相続に際し、その価額を遺留分を算定するための財産の額に算入しないことを合意する。
① CがAから平成○○年○○月○○日付け贈与により取得した現金1，000万円
② DがAから平成○○年○○月○○日付け贈与により取得した下記の土地
　○○所在○○番○○宅地○○㎡

（経済産業大臣の確認－法7条）
第7条 Bは、本件合意の成立後1ヵ月以内に、法7条所定の経済産業大臣の確認の申請をするものとする。
2 C及びDは、前項の確認申請手続に必要な書類の収集、提出等、Bの同確認申請手続に協力するものとする。

（家庭裁判所の許可－法8条）
第8条 Bは、前条の経済産業大臣の確認を受けたときは、当該確認を受けた日から1ヵ月以内に、第3条ないし第6条の合意につき、管轄家庭裁判所に対し、法8条所定の許可審判の申立をするものとする。
2 C及びDは、前項の許可審判申立手続に必要な書類の収集、提出等、Bの同許可審判手続に協力するものとする。

ここに示したのは合意書のイメージです。
　実際の合意のときは、資産の内容や遺留分権利者の人数などの状況に十分に配慮しながら、当事者間で話し合ってまとめることが肝要です。
　その際には、専門家にも相談されることをおすすめいたします。

5

② 事業承継に関わる税務問題（事業承継税制）

（2）経済産業大臣の確認

　後継者は、上記（1）の合意をした日から1ヶ月以内に「遺留分に関する民法の特例に係る確認申請書」に必要書類を添付して経済産業大臣に申請する必要があります。

　申請書の提出先は、経済産業省中小企業庁事業環境部財務課です。

主な作成書類及び添付書類　（提出先：経済産業省　中小企業庁　事業環境部　財務課）	
主な作成書類	主な添付書類
□　確認申請書 □　確認証明申請書 ※確認証明書は家庭裁判所の許可申立てにおける添付書類となります。大臣確認の申請に際して同時に申請しておくと、確認書と同時に交付が受けられます。 □　合意書	□定款及び株主名簿の写し □登記事項証明書 □従業員数証明書 □貸借対照表、損益計算書等 □上場会社でない旨の誓約書 □印鑑証明書 □現経営者、推定相続人全員及び後継者の戸籍謄本又は抄本 ※現経営者については、原則、出生日から合意日までの連続した戸籍（除籍、改製原戸籍）謄本が必要です。ただし、全ての戸籍の取得が困難な場合はお問合せください。 □（固定合意の場合のみ） 　税理士等の証明書

※戸籍謄本等については、家庭裁判所の許可申立てにおいても添付書類とされているため、経済産業大臣に対して確認の申請をする際には、その原本の還付を受けておくことをおすすめします。

（3）家庭裁判所の許可

　経済産業大臣の「確認書」の交付を受けた後継者は、確認を受けた日か1ヶ月以内に家庭裁判所（※）に「申立書」に必要書類を添付して申立てをし、家庭裁判所の「許可」を受ける必要があります。

　（※）管轄裁判所は、現経営者の住所地の家庭裁判所です。

6

第1部 パネルディスカッション「事業承継の実務」

4. 手続きの流れと要件

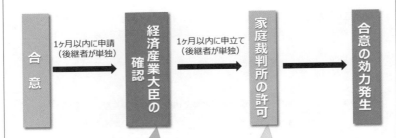

合意 →（1ヶ月以内に申請（後継者が単独））→ 経済産業大臣の確認 →（1ヶ月以内に申立て（後継者が単独））→ 家庭裁判所の許可 → 合意の効力発生

経済産業大臣の確認事項
- 当該合意が経営の承継の円滑化を図るためになされたこと。
- 申請者が後継者の要件に該当すること。
- 合意対象の株式を除くと、後継者が議決権の過半数を確保することができないこと。
- 後継者が代表者でなくなった場合などに後継者以外の者が取れる措置の定めがあること。

家庭裁判所の許可の要件
- 合意が当事者全員の真意によるものであること

○ 現経営者が後継者に株式を贈与し、民法特例の適用を受けると同時に、非上場株式等に係る贈与税の納税猶予制度を利用して贈与税の納税を猶予することが可能です。
　ただし、非上場株式等に係る贈与税の納税猶予制度の適用に必要な確認と、民法特例の確認とは別の手続きになりますので注意が必要です。

○ 上記の非上場株式等に係る贈与税の納税猶予制度を利用後、現経営者に相続が発生した場合に、非上場株式等に係る相続税の納税猶予制度へ切替えると、贈与税の支払いが免除されると共に、相続税の納税猶予することが可能となります。

――― お問い合わせ・申請窓口 ―――

経済産業省 中小企業庁 事業環境部 財務課

◆住所：〒１００－８９１２
　　　　東京都千代田区霞ヶ関１丁目３番１号

◆電話：０３－３５０１－１５１１（代表）
　　　　０３－３５０１－５８０３（直通）

◆中小企業庁ホームページ：
　http://www.chusho.meti.go.jp/zaimu/shoukei/2014/141217Yoshiki.htm

第1部　パネルディスカッション「事業承継の実務」

> パネルディスカッション　Part2

③ 事業承継と事業再生の連携または中間的手法の必要性

〈司会〉　　　　　　　　　　　　　　　弁護士　富永　浩明
〈パネリスト〉　　　　　　　　　　　　弁護士　加藤　寛史
　　　　　中小企業事業引継ぎ支援全国本部プロジェクトマネージャー　宇野　俊英
　　　　　　　　　　　　　　埼玉りそな銀行執行役員　獅子倉基之

（法人名・役職などはシンポジウム開催当時）

富永（司会）　それでは後半を再開させていただきます。
　Part2では、③事業承継と事業再生の連携または中間的手法の必要性、および、④事業承継・事業再生円滑化にむけた経営者保証ガイドラインの活用について、検討を進めてまいります。
　前半の検討では、財務再構築が必要なケースにおいて事業承継が進みにくいという問題提起もありました。
　まず、加藤先生より、支援協議会案件において、事業再生処理に伴って事業承継──親族承継などを行ったケースがあれば、ご紹介ください。

1　支援協議会案件における事業承継（親族承継）の状況

加藤　私は、中小企業再生支援全国本部のプロジェクトマネージャーを務めている関係から、支援協議会における現状についてご報告させていただきます。【資料43】をご確認ください。
　これは支援協議会で再生計画を策定した案件における事業承継について、平成27年度・28年度の2年間の件数を調査した結果です。
　分類にある「親族内・外承継」は親族または従業員への承継、「SP（M&A）」はスポンサー型・M&Aによる第三者への承継という意味で

3 事業承継と事業再生の連携または中間的手法の必要性

す。

支援協議会の再生計画には、大きく分けて、債権放棄を伴う案件とリスケジュール案件の2つがあり、債権放棄案件では、経営者責任の問題があるため経営者が交代することが多くなります。他方、リスケジュール案件ではそこまでの経営者責任は問われないので、交代せずに続投することが多いと、そういった前提でご認識いただければと思います。

加藤寛史氏

まず、リスケジュール案件も含めた「二次完了案件」についてみてください。「二次完了案件」というのは再生計画が成立した案件ということですが、平成27年度では1,319件のうち「親族内・外承継」が234件、「SP（M&A）」が47件、平成28年度では1047件のうち「親族内・外承継」が221件、「SP（M&A）」が42件となっています。

このうち「債権放棄案件」ですが、平成27年度は77件のうち70件、

【資料43】

【平成27年度】 (単位：件)

	親族内・外承継	SP (M&A)	その他	続投	合計
債権放棄等案件（債権放棄・DES）	29	41	0	7	77
抜本案件（債権放棄・DES・DDS）	64	42	1	89	196
二次完了案件全体	234	47	32	1,006	1,319

【平成28年度】 (単位：件)

	親族内・外承継	SP (M&A)	その他	続投	合計
債権放棄等案件（債権放棄・DES）	38	39	0	10	87
抜本案件（債権放棄・DES・DDS）	72	40	1	85	198
二次完了案件全体	221	42	29	755	1,047

平成28年度は87件のうち77件と、約9割の案件で事業承継が行われています。先ほど、債権放棄案件では経営者の交代が多いと申し上げましたが、ほとんどのケースで事業承継が行われていることがわかります。

他方で、平成27年度で7件、平成28年度で10件と経営者が続投しているケースもありますが、この中には、すでに親族に事業が承継されていて窮境原因が先代にあったために続投が認められているような案件や、後継者がまだ若くすぐには承継できないため、いったん現経営者が続投するものの後に承継するという案件もあるので、この1割強がすべて承継を伴わないというわけではありません。したがって、ほとんどの「債権放棄案件」で事業承継が生じているということになります。

次に、「債権放棄案件」で親族内・外への承継とスポンサーへの承継をみると、平成27年度は70件のうち「親族内・外承継」が29件、スポンサー・その他（第三者）への承継である「SP（M&A）」が41件、平成28年度は77件のうち「親族内・外承継」が38件、「SP（M&A）」が39件となっています。

資料にはありませんが、支援協議会の全国本部において、平成15年度から23年度の債権放棄案件を調査したところ、総数628社のうち375社が自力再生型——親族内・外への承継もしくは続投、という数字でした。628社のうちスポンサー型が253社と約4割で、平成15年度から23年度では比較的自力再生型が多かったわけですが、最近は半数強がスポンサー型ですので、スポンサーへの承継事例が増えているというような状況です。

2　代表者交代と保証契約——経営者保証ガイドラインの活用実績

富永　事業承継の場合、保証債務の扱いがネックになるとも聞いております。そもそも事業承継などで代表者が交代になる場合に、保証をはずすということは少ないのでしょうか。

3 事業承継と事業再生の連携または中間的手法の必要性

　引き続き加藤先生に、代表者交代時の保証契約の扱いについて、経営者保証ガイドラインの活用実績等をご紹介いただきたいと思います。
加藤　リスケジュールの場合と債権放棄の場合を分けてご説明したいと思います。
　まず、債権放棄の場合、現代表者は保証を差し入れているので、保証債務が顕在化します。したがって、現代表者については経営者保証ガイドラインの出口問題が発生することになります。
　【資料44】をご覧ください。こちらは平成29年12月までの速報値で、支援協議会における経営者保証ガイドラインの利用実績の一覧です。
　表の縦列に、「合計」と「内、一体」「内、単独」とあるかと思いますが、「内、一体」の欄に記載されている件数が、主債務者である会社が債権放棄の再生計画を策定し、保証人について経営者保証ガイドライン

【資料44】

◎経営者保証に関するガイドライン　利用実績【累計（平成29年12月速報値）】

都道府県	二次対応完了(累計)						都道府県	二次対応完了(累計)					
	件数（保証人数）			企業数				件数（保証人数）			企業数		
	合計	内、一体	内、単独	合計	内、一体	内、単独		合計	内、一体	内、単独	合計	内、一体	内、単独
北海道	21	20	1	11	10	1	滋賀県	6	4	2	4	3	1
青森県	8	8	0	4	4	0	京都府	7	7	0	3	3	0
岩手県	7	7	0	4	4	0	奈良県	3	3	0	1	1	0
宮城県	0	0	0	0	0	0	大阪府	12	12	0	6	6	0
秋田県	5	5	0	3	3	0	兵庫県	7	5	2	4	2	2
山形県	2	2	0	1	1	0	和歌山県	3	3	0	2	2	0
福島県	6	6	0	3	3	0	鳥取県	7	7	0	3	3	0
茨城県	3	3	0	2	2	0	島根県	7	6	1	4	3	1
栃木県	12	12	0	6	6	0	岡山県	21	19	2	11	9	2
群馬県	16	16	0	8	8	0	広島県	13	10	3	6	5	1
埼玉県	33	33	0	22	22	0	山口県	5	5	0	3	3	0
千葉県	6	6	0	4	4	0	徳島県	16	16	0	8	8	0
東京都	11	7	4	9	5	4	香川県	6	5	1	4	3	1
神奈川県	6	4	2	6	4	2	愛媛県	9	9	0	3	3	0
新潟県	7	7	0	4	4	0	高知県	5	3	2	3	2	1
長野県	15	13	2	7	6	1	福岡県	8	8	0	6	6	0
山梨県	4	4	0	2	2	0	佐賀県	2	2	0	2	2	0
静岡県	21	20	1	13	12	1	長崎県	10	9	1	6	5	1
愛知県	16	12	4	9	6	3	熊本県	1	0	1	1	0	1
岐阜県	17	17	0	7	7	0	大分県	12	12	0	5	5	0
三重県	27	24	3	13	11	2	宮崎県	14	11	3	6	5	1
富山県	10	10	0	4	4	0	鹿児島県	1	1	0	1	1	0
石川県	16	10	6	6	4	2	沖縄県	0	0	0	0	0	0
福井県	10	7	3	4	3	1	全国（合計）	455	412	43	244	216	28

による保証債務整理を行った案件数、つまり、企業と保証人を「一体型」で整理した案件です。表のとおり、平成29年12月までに、企業数で216社、保証人の数で412人が保証債務の整理をしています。

　支援協議会の手続では、会社と保証人を一体で整理するという形がほぼ定着しており、金融機関にも浸透していると思っています。したがって、現経営者の保証債務が整理され保証が解除されるということについては、スムースにいっているという認識です。

　ただこの場合、事業を承継した新経営者は、ほぼ間違いなく保証を差し入れていると思います。統計はとっていませんが、新経営者が保証を差し入れていないというケースは、あまり聞いたことがありません。

　次にリスケジュールの場合ですが、ここでは、現経営者の保証債務は顕在化しません。したがって、保証債務の整理、つまり経営者保証ガイドラインの出口問題とはなりません。この場合に保証をはずしてもらっているのかについて、こちらも統計をとっているわけではありませんが、おそらくはほとんど解除されていないのではないかと思いますし、新経営者についても保証を差し入れているケースが多いというのが実感です。

　この点については、【資料45】をご覧ください。これは、「民間金融機関における『経営者保証に関するガイドライン』の活用実績」として、金融庁が定期的に公表している統計資料です。

　いちばん下段にある【代表者の交代時における対応】の⑨～⑫の部分で、⑨は旧経営者の保証を解除し、新経営者との保証契約を締結しなかった件数で、保証が「なし・なし」です。⑩は旧経営者の保証を解除し、新経営者が新たに保証契約を締結している件数、⑪は旧経営者の保証を解除せず残し、新経営者との保証契約を締結しなかった件数、⑫は旧経営者の保証を解除せず残し、新経営者とも保証契約を締結した件数で、保証が「あり・あり」です。民間金融機関の統計でも、⑫の「あり・あり」がいちばん多く、次に、⑩の新経営者が保証を差し入れているケースが多いという傾向がみられます。

③ 事業承継と事業再生の連携または中間的手法の必要性

【資料45】 民間金融機関(※1)における「経営者保証に関するガイドライン」の活用実績

	平成27年度	平成28年度
① 新規に無保証で融資した件数（ABLを活用し、無保証で融資したものは除く）	425,709	475,563
② 経営者保証の代替的な融資手法(※2)を活用した件数	407	533
③ 保証契約を解除した件数(※3)	31,701	41,742
④ 合計 〔④＝①＋②＋③〕	457,817	517,838

	平成27年度	平成28年度
⑤ 保証金額を減額した件数	15,852	16,361

	平成27年度	平成28年度
⑥ メイン行(※4)としてガイドラインに基づく保証債務整理を成立させた件数	207	231

	平成27年度	平成28年度
⑦ 新規融資件数	3,574,408	3,517,402
⑧ 新規融資に占める経営者保証に依存しない融資の割合〔⑧＝（①＋②）／⑦〕	11.9%	13.5%

【代表者の交代時における対応】

	平成28年10月〜29年3月
⑨ 旧経営者との保証契約を解除し、かつ、新経営者との保証契約を締結しなかった件数	1,824
⑩ 旧経営者との保証契約を解除する一方、新経営者との保証契約を締結した件数	5,741
⑪ 旧経営者との保証契約は解除しなかったが、新経営者との保証契約を締結しなかった件数	4,820
⑫ 旧経営者との保証契約を解除せず、かつ、新経営者との保証契約を締結した件数	11,488

※1 「民間金融機関」とは、主要行等9行、その他地方銀行23行、地域銀行106行、信用金庫265金庫（信金中央金庫を含む）、信用組合152組合（全国信用組合中央協会を含む）、信用金庫は含まない）の合計555機関。
※2 停止条件付保証契約、解除条件付保証契約、流動資産担保融資、金利の一定の上乗せ等。
※3 保証契約を解除した件数は、当該年度中に保証契約を解除した件数をいう。平成28年10月以降の期間到来時に解除前に期限延長等を行った場合も含む。
※4 メイン行の判定については、各金融機関の基準に拠る。
（注）平成27年4月以降のガイドラインの活用件数については、各金融機関からの報告対象を明確化し、中小企業向けに限定する等、ガイドラインに基づく融資等を行っている顧客に対する新規無保証融資等を一体に計上することとしたため、平成27年3月以前のガイドラインの活用件数とは単純には比較できない。また、平成28年10月以降の交代時における対応⑨〜⑫を追加している。

97

この統計は、業績の良い会社の事業承継も含んだ数字です。支援協議会にくる会社は、少なくとも条件変更が必要というような状況で事業再生の局面にありますので、よりいっそう保証ははずしにくいし、保証なしでの融資継続は難しいというのが、おそらく金融機関の感覚なのだろうと思います。実感としても、旧経営者の保証を残し新経営者も保証を差し入れている、という「あり・あり」のケースが多いのではないかと思っています。

富永 私が想像していた以上に新経営者が保証していることがよくわかりました。それでは、新経営者が保証を差し入れないといけないことが、事業承継や事業再生の障害となるようなケースもありますでしょうか。加藤先生、いかがですか。

加藤 少なからず障害になっていると感じているところです。【資料46】～【資料48】に、私自身が債務者代理として経験した案件、まだ経験最中の案件をご紹介させていただきました。

これら以外にも最近、息子さんが事業承継した案件で、最終的にリスケジュールで計画が成立した案件がありました。債務超過の解消に約10年かかる、いわゆる合実計画です。負債は数億円ありましたが、経営者交代に伴って最初は新経営者（息子さん）の保証はない形で計画を提示したところ、ほとんどの金融機関から「新経営者は保証を差し入れないのですか」という意見がありました。このケースでは、新経営者の息子さんも覚悟を決めて、保証を差し入れることでスムースに合意形成できました。

直近で経験したこの案件は、保証を差し入れて計画が成立したわけですが、これからご紹介する事例3つは、逆にそれがネックとなって再生計画の方針を変更せざるをえなかった、という案件です。

具体的に、まず【資料46】の事例①からご説明いたします。

「暫定リスケの出口」という表現がありますが、この会社はもともと赤字体質の会社だったところ、従業員からたたき上げで役員になった、

3 事業承継と事業再生の連携または中間的手法の必要性

オーナー家とまったく関係のない方が社長に就任し、暫定リスケ期間中に業績をV字回復させた結果、数千万円の営業利益をあげてキャッシュフローを生む体質になりました。

金融機関の方もその社長の手腕は評価されていて、暫定リスケの出口として、債権放棄を伴う抜本的な再生計画を策定しよう、ということで話が進みました。債務超過が10億円ほどある会社で、今後の設備投資も必要になるので、10億円近くの債務免除を受ける計画がイメージされました。

そこで今事業をやっている社長さんに、そのまま続投して事業を承継することを打診したのですが、その際、債務免除後ではあるものの金融債務への保証差入れがネックになりました。社長自身も60歳を超えていて、いまさら億を超える債務を保証することに対する抵抗感がありました。最後には、社長自身はやろうかなという気になりかけたのですが、家族会議で否決され断念されたという経緯です。

この案件はまさに、「新経営者の保証差入れ」がネックとなり、親族外承継――従業員による承継を断念し、現在スポンサーを探すことに方針転換している案件です。

【資料46】

事例①
- 暫定リスケの出口として抜本計画の策定に着手するにあたり、暫定リスケ期間中に収益をV字回復させた現社長(非親族・従業員からのたたき上げ)の下で、債務免除により過剰債務を解消することによる自力再生も考えられた事案。
- 現経営者に事業の承継を打診したが、債務免除後の金融債務(数億円と想定)への保証差入れがネックとなり断念。
- 現在、M&Aによる再生を模索中。

第1部 パネルディスカッション「事業承継の実務」

加藤 次の2つの事例は、いずれも、前経営者が社長就任中に亡くなられたという案件です。

【資料47】の事例②は、東北地方の会社で、前社長が急逝されました。ただ、従業員もいて事業を続けなければいけないので、東京に住んでいた一人娘の方が暫定的に代表取締役に就任されました。ご本人には、基本的に事業を承継する意向はありませんでしたので、M&Aによる事業継続を模索しようということになり、金融機関からの紹介を受けて、FAの会社に依頼してスポンサーを探しました。

この会社は、10年以上ずっと経常黒字を継続している、いわゆる黒字企業です。約定返済も滞りなく、折返し融資を受けながらではありますが、金融機関からみればおそらく正常な融資先であったと思います。

ただ、いざスポンサーを探してみますと、結局、総負債を上回る事業

【資料47】

事例②
- 前社長死亡に伴い、一人娘（在京）が代表取締役を暫定的に継承。
- M&Aによる事業継続を模索し、金融機関からの紹介によりFA会社に依頼し、スポンサー探索を行ったものの、総負債を上回る事業価値評価を得られず。
- 金融機関への約定返済を継続していたが、足下業績の悪化（前社長死去による風評被害も影響）により運転資金不足が間近に迫ったため、弁護士関与により中小企業再生支援協議会へ相談。
- 協議会手続が開始し、返済猶予の要請を行ったうえ、財務・事業DDと並行し、金融支援の要請も視野にスポンサー候補探索・交渉を継続。
- 現社長は<u>保証債務の負担を免れるため相続放棄</u>。前代表が会社株式48％相当を保有していたため、相続財産管理人と調整し買取り予定。
- 後継者として工場長（60代）に打診するも謝絶される。<u>保証差入れもネック</u>。
- スポンサー候補が見つからず、収益弁済を含む暫定リスケ計画を策定し成立（<u>経営者保証なし</u>）。
- 現在、暫定期間中のM&Aを模索中。

価値は得られず、株式をそのまま引き受けてくれるスポンサーを見つけることはできませんでした。それに加え、前社長が亡くなられた後は後継者が東京から来ていたのですが、不在というか、毎日はいないということで、「あそこはもう事業を閉じるんじゃないか」というような風評も流れ、足元の業績もみるみる悪化しました。そういう中で、支援協議会へ相談を持ち込んだ、という案件です。

　支援協議会の手続の中でスポンサーによる再生を目指しましたが、残念なことに、見つかっていたスポンサーに降りられてしまい、次のスポンサーもなかなか見つからないということになりました。金融債務は3億円くらいでしたが、暫定的に引き受けた社長（娘さん）は、やはり保証債務の負担が重いということで相続を放棄しました。スポンサーが降りた後、現場を任せている工場長に事業の承継を打診しましたが、これも保証差入れがネックとなって、また年齢的な面もあり断られてしまいました。

　この案件はまだゴールまで行っておらず現在も暫定リスケ中で、リスケジュールをしながらスポンサー探しをしています。これも、保証差入れとか後継者不在ということがネックになっている案件です。

　続いて、【資料48】事例③です。
　これも創業社長が病に倒れて経営者不在となった案件で、従業員として就業していた一人娘の方が暫定的に代表取締役に就任し、いったん事業を継承しました。
　ただ、もともと後継者という話は聞かされておらず、本人も経営者を継続する意思もありませんでした。さらに、10億円近くの金融債務があり相続して保証を引き受けることはきびしいということから、最終的には意向どおり相続放棄しました。さいわい、株式は創業社長の妻とその娘さんに贈与済みだったので、株式が宙に浮くことはなかったものの、経営を継続することはむずかしい、ということで進んでいったものです。
　この案件も、事例②と同じように暫定リスケの計画を作り、その間に

第1部　パネルディスカッション「事業承継の実務」

事業改善をしてスポンサーを探すという方針でいきました。

　同社は大きく2つの事業を営んでいたのですが、暫定期間中にその1つの事業が大きく収益改善できて、いい金額でスポンサーに譲渡できました。その結果、その事業に関する金融債務は全額返済することができ、10数億円あった負債は最終的には2億円くらいに減っております。ただ、もう1つの事業は残っていて従業員も20名ほどいるので、暫定的に経営を引き継いだ経営者の下でまだ事業を続けています。残った事業は、業種的にスポンサーを見つけることが難しいため、現在、リスケジュールによる再生計画を提案中で、合意が得られる見込みです。

　こちらについては新経営者の保証差入れはなし、ということで許容いただけそうですが、金融機関としてはきわめて例外的な対応、というご

【資料48】

事例③
- 創業者の前代表者が病に倒れ経営者不在となる中、事実上の返済停止状態に。
- 一人娘（従業員）が代表取締役を継承するも、経営者継続の意思なく、多額の保証債務のため相続放棄意向。
- 10社以上のグループ会社、関係会社間の貸借関係が複雑、ワンマン経営の創業者が死去しており、財務・事業の実態把握ができておらず、協議会に相談し、財務・事業DDを実施。
- 現代表者は相続放棄を選択。株式は妻と子に贈与済みであったが、前代表の役員貸付が10億円超あったため、相続財産管理人の選任を申立て。
- 財務・事業DDの結果、一定の事業性と事業改善の可能性が認められたため、事業コンサルの導入による収益改善、資産売却および収益弁済を含む暫定リスケ計画を策定（経営者保証なし）。なお、前代表者の役員貸付金について金融債務に劣後させることについて、相続財産管理人の了承を得る。
- 暫定リスケ期間中に、一部事業についてスポンサーを探索し売却。当該事業にかかる金融債務は全額返済。
- 暫定リスケ期間満了し、現在、残事業についてリスケジュール（合実計画）による再生計画案を提案中（経営者保証なし）。

見解でした。

　事例については、以上です。

富永　どうもありがとうございました。

　保証債務の存在が事業承継の大きなネックになることがよく理解できました。いざ事業承継という段で保証債務をはずそうと思ってもなかなか難しいという気がするので、それならばもっと早い段階で事業再生を行って、時間をかけて保証債務の問題を解決する必要があるのではないかとも思います。

　事業再生は現状、このあたりは適時適切に行われているのかどうか、獅子倉さんにご意見をお願いしたいと思います。

3　事業再生の現状

獅子倉　非常に難しい問題だと思いますが、Part1でも申し上げたように、中小企業の特徴を見てみると、取引している金融機関の数が、私が若い頃に比べて2倍〜3倍になってきているという印象です。したがって、若干業況が悪化してきたとしても、折返し資金という名目でかなりの企業が融資を受けている。そういうことからすると、事業再生がちょっと遅れているのかなと考えています。

　その中で、先ほども申し上げましたが、お客様との目線合わせを早めに行っていくことで、このような事態は回避できるとは思います。しかし、金融機関側も、金融再生プログラムという時代にいた行員がそろそろ定年を迎えてきており、債務者に対する目利き力が少し落ちてきているのかなというところは、われわれとしても反省しなければいけない点だろうと思います。

　したがいまして、先ほど申し上げたように、われわれも再生支援協議会様と連携させていただき、早めの対応をしていきたいと考えています。あわせて、植木先生のような公認会計士の先生方ともよく連携して、お客様との目線合わせを行い早めの対応をしていくことによって、再生の

選択肢が増えるということになるのだろうと認識しています。

　先ほど加藤先生も話された第二会社方式というのは、われわれからしますと遅きに失した場合の手段の1つですので、金融機関としては、できればこの手法はあまり使いたくない。早めに着手をすることによって、いわゆるオンバランスの中で再生していただくというのが、まずいちばんだろうと考えています。そのような形にするには、われわれとしてはお客様との共通認識の醸成が大事なので、お客様との接点を増やし、専門家の方々とも連携して早めに対応していかなければいけないと考えています。

富永　事業再生の今後について、大変貴重なご意見をありがとうございました。

　宇野様は、事業引継ぎ支援センターで多数の処理をされている中でいろいろと悩みがあるかと思うのですが、教えていただければと思います。

4　事業引継ぎ支援センター処理における課題等

宇野　先ほどの【資料27】（43頁）を再度ご覧ください。

　事業引継ぎ支援センターには、事業承継・事業引継ぎに関していろいろなお悩みを抱えた方がいらっしゃいます。先ほどのお話でもありましたように、事業承継をしなければいけないことに気づいたが何から始めていいかわからないという経営者の方から、ケースによってはすでに相手先が決まっているものの中小企業同士で何をどうしていいかわからないという方まで、いろいろいらっしゃいます。

　その中で最近増えているのが、資料の真ん中あたりになりますが、会社を第三者に売却するか、従業員に譲渡するか悩んでいるという方です。その場合の利点や注意点などを説明するケースが、だいぶ増えてきています。結果、事業引継ぎ支援センターでは、先ほども申し上げたように、成約687件のうち2割強が、実は従業員承継でお手伝いできているという現状です。

３ 事業承継と事業再生の連携または中間的手法の必要性

次に、【資料49】をご覧ください。これは、事業承継で誰に引き継ぐかという点で、メリット・デメリットをご説明するときに使う図です。承継先のタイプを「親族内承継」、「役員・従業員承継」、「第三者承継」と分けてありますが、特に真ん中の「役員・従業員承継」についてはいろいろな課題があります。経営者と役員では意識が違うとか、ほかの経営者・従業員からのやっかみがあったりとか、株式取得資金の調達が難しいなどもありますが、最近は「先代経営者の個人保証を引き継ぐことへの抵抗感」がネックになったり、このために少し時間がかかってしまうということがあろうかと思います。

【資料49】
事業承継で誰に引き継ぐのか～タイプ別メリットと課題

- ✓ 会社を取り巻く利害関係者（株主、従業員、取引先、債権者、地域社会等々）の満足度をいちばん高くできる主体に引継ぐことが本来は望ましいはず。←誰が経営するかで企業（事業）の価値は変わる！
- ✓ 中小企業は、まずは子息への承継を望むケースが依然として多い。
- ✓ 一方で、少子化、都市部への経済圏の集中、個の尊重等を背景に、子息への承継の困難度は上昇し、より広く引継ぎ先を考える必要がますます高まっている。⇒M&Aによる第三者への引継ぎのポジティブな面に注目を！

タイプ	メリット	課題
親族内承継	・親族ということで、関係者から引継ぎの正当性について理解をえられやすい ・早い時期から引継ぎへの合意があれば対策を立てやすい	・経営者の資質がない者が後継者になるリスク ・相続人が複数いる場合、親族間の対立を生み経営権の集中が難しくなることがある
役員・従業員承継	・会社や先代経営者を熟知した社内の人材が引継ぐことで経営の一体性を保ちやすい ・早い時期から引継ぎへの合意があれば対策を立てやすい	・「経営者」と「役員・従業員」の意識差の克服が必要 ・他の経営者、従業員からのやっかみ ・株式取得資金の調達が難しいことがある ・**先代経営者の個人保証を引継ぐことへの抵抗感**
第三者承継	・広い選択肢からより良い引継ぎ先を選択できる可能性あり ・会社の安定・成長をより確かにできる可能性あり	・希望にあう相手がみつかる保証はなく、相手先の探索から始めるので時間がかかることが多い ・仲介会社等を利用した場合費用がかかる

ほかによくある課題として、【資料50】のとおり、「M&Aの場合」であれば、一般的に債務超過の会社はやりにくいということがありますが、「役員・従業員承継の場合」では、先ほどもご説明申し上げたよう

に、先代経営者の個人保証を引き継ぐことへの抵抗感が実際にもあります。

【資料50】

事業引継ぎ支援事業の中よくある課題

＜M&Aの場合＞

財務状態が厳しくても、魅力的技術や優良顧客を保有するのであればM&Aできる可能性は高まります。
ただ、一般的に以下のような会社はM&Aしにくいというものはあります。
例えば
- 債務超過の会社
- 連続して赤字決算が続いている会社
- 自社の独自性や特徴がほとんどない会社
- 所属する業界や業種が衰退して、自社も差別化するものがない会社
- 社長一人だけの信用力や技術力だけで持っているような会社
- 特定の取引先の比率が非常に高い会社

他に、
・オーナー個人と事業資産が分離できていない会社
・資金面で公私混同されている会社
・オーナーの資産背景で資金調達を過度に依存している会社
等々があります。

＜役員・従業員承継の場合＞

- 株式・事業取得資金調達
- **先代経営者の個人保証を引継ぐことへの抵抗感**

（出典：中小機構 事業承継支援者マニュアルより一部引用）

　一例として、お配りした『ヒキツグ』というタブロイド版のいちばん最後の頁にある、【資料51】「新たな手法で、雇用を引継ぐ。」の事例で少しご説明します。これは実際に、新潟県の事業引継ぎ支援センターでお手伝いした案件です。
　いくつかの点をお話しますが、まず同社はビジネスホンの内線工事を施工する企業です。本件では社長が急逝されて、奥様が急遽社長を引き継いだ事例ですが、奥様に経営の経験はなく、当然のことながら実際には経営できないので、従業員に事業承継できないかという話があがりました。しかし、先ほども家族会議で否決されたという事例のご紹介がありましたが、こちらも従業員さんへの承継は難しかったという事例です。

3 事業承継と事業再生の連携または中間的手法の必要性

最終的に同社は、同業で他の系列が持っているメーカーについてM&Aができたということで、結果的にはいい事例でした。

しかしながら、事業引継ぎ支援センターでは、代表者の借入保証が問題になることもあります。たとえばまず、会社に債務があって個人保証していることを知らなかったという役員・従業員さんもけっこう多く、引き継ぐ段になって「えっ、それは何ですか・・」となるわけです。そういうことがネックになったり、実際に引き継ぐことが決定、ないしほぼ決まった段階で、金額が思っていたより大きかったということがネックになることもあります。あるいは、先代の経営状況をみて、何で自分が先代の放漫経営の結果を持たされるのかということもあったりと、保証についてはいろいろ思いがネックになったりします。

さらには、ご本人が納得しても、そのご家族がこういう保証をしなければならないならやはり引き継げないというので、結局引継ぎができなかったという事例も散見されます。繰り返しになりますが、保証に関してはそのような事例が実際にセンターでも発生しているところです。

富永 ありがとうございます。

事例をご紹介いただいて、過剰債務を抱えたケースの事業承継について、いろいろな課題が明確になったかと思います。とりわけ、経営者保証に関する現状の問題点があって、そうしたことが円滑な事業承継の阻害要因になるのかなと思っています。

それでは、以上の議論・現状認識を踏まえて、Part2の 4 事業承継・事業再生円滑化にむけた経営者保証ガイドラインの活用に進ませていただきます。

事業承継・事業再生の双方に絡むような案件において、経営者保証の問題にはどのように取り組んだらいいか、どのようにガイドライン等を変えていけばいいか、ご意見等をいただければと思います。

なおここからは、経営者保証ガイドラインの生みの親でもあります小林先生に、進行をお願いしたいと思います。

第1部　パネルディスカッション「事業承継の実務」

【資料51】

事業引継ぎ、
私の選択。**新たな手法で、
雇用を引き継ぐ。**

社長の急逝で、経営の危機に陥ってしまった新潟県の小さな内線電話工事会社。
残された妻の平原知子氏は「雇用だけは、なんとしても守りたい」
という切実な想いで、事業引継ぎに向けた一歩を踏み出す。

**社長の急逝で、
売上げが3分の1に。**

　社長とその妻、従業員1名という新潟県の小さな内線電話工事会社、(有)大基通信システム。社長が、会社の顔として営業を一手に担当し順風満帆とは行かないものの業績は安定していた。しかし、何の前触れもなく社長が急逝してしまう。残された妻の平原知子氏は、これからどうしようと途方に暮れたものの、お客様に迷惑をかけるわけにはいかないと、従業員とふたりで事業を継続することを決意。
　しかし、営業窓口であった前社長の亡き後、顧客離れが進み、売上げは3分の1まで急落、わずか2ヶ月で経営が立ち行かなくなってしまう。付き合いのある税理士からは、会社を清算するべきだと助言を受けたが、平原氏にはどうしても会社を続けたい理由があった。
　それは、従業員の雇用を維持したいという強い想いだ。そもそも現在雇用している従業員は、3年ほど前に無理を言って入社してもらった経緯があり、彼にも「この会社で自分の仕事は終わらせたい」という想いがあったのだ。そこで平原氏は、知り合いの同業者を訪ね、何とか社員1名とお客さんを引き受けてくれないかと頭を下げて回った。
　しかし、業界的に小さい会社が多いこともあり、ましてや赤字の会社を引き受けるリスクは大きすぎた。引継ぎ手が現れることなく、万策尽きたかと思われた頃、商工会から新潟県事業引継ぎ支援センターのパンフレットが郵送されてきた。藁にもすがる想いで、センターに電話し、相談に訪れた。

企業組合を結成し、事業を引き継いだ
河内社長(左)と、譲渡した平原氏(右)。

出典：中小企業基盤整備機構『ヒキツグ』(2017.12)より。

3 事業承継と事業再生の連携または中間的手法の必要性

河内社長のシルバー人材センターという構想の実現に向け、平原氏も新たな一歩を踏み出している。

問題意識を持った
地元中堅企業の目に留まる。

「企業規模が小さく、経営も厳しいので引継ぎ手が見つかるかはやってみなければわからなかった」と相談当時の印象を振り返るのは新潟県事業引継ぎ支援センターの畠山氏だ。
畠山氏は、ビジネスモデルを知らなくては、どう事業引継ぎを進めるべきかも掴めないと感じ、早急に業界の調査を開始。新潟県事業引継ぎ支援センターのつながりから、地域における同業界の中堅企業である北陸電々の河内社長のもとを訪ねた。
河内社長から業界動向や業界が抱える課題について広く話を聞き、業界の理解を深めた。その過程で、河内社長が業界の先行きについて深い課題意識を持っていたことから、大基通信システムの話を持ち掛けた。
しかし、そこで通常のM&Aを行わなかったというのが、このケースのユニークなポイントだ。

高齢化時代を迎える業界に、
新たな仕組みで対応。

そもそも河内社長が感じていた、内線電話工事業界の課題は大きくふたつ。ひとつは、作業者自体の高齢化が進んでいるということ。そしてもうひとつは、人手不足。このような業界の現状に反し、社内でのネット環境の整備や内線電話の整備会社に求められるようになり、業者側に求められる知識や作業量は急激に増えている。人がいないのに業務は肥大化し、人手不足が深刻化しているのだ。
「どの会社にも電話はついていて、通じなくなると困る。だからこそ、会社はお客さんを残して事業を辞めるわけにはいかない。その業界背景を含めて、M&Aに興味を持った」と語る河内社長は、今後このようなケースが増えていくことをにらみ、その解決策につながる構想を温めていた。
それは、内線電話工事業界に特化したシルバー人材センターと言う構想。具体的には、通常のM&Aではなく、企業組合を結成し北陸電々がそのスポンサーになるというスキームでの事業引継ぎだった。将来的には、高齢ではあるがまだまだ働けるというシルバー人材を活用して、人手と仕事を効率よく回していくことを目指している。
新潟県事業引継ぎ支援センターの畠山氏はこの構想に対し「新潟県は燕三条の金属加工会社など、小さな企業が地場産業を支えている。しかし、後継者不足から廃業するケースが増えており、仕事が溢れてしまっている状況がある。企業組合は、これを解決できる画期的な方法かもしれない」と期待感をにじませる。個々で請けた仕事もするし、組合で請けることもできる。業界や地域が抱える課題の解決につながるアイディアが、この事業引継ぎにはあったのだ。

相談から成約まで
わずか半年での事業引継ぎ。

「引継ぎ手は現れないと半ば諦めていただけに本当にうれしかった」
窮地を脱した平原氏は、事業引継ぎを終えた際の感想をこう語った。というのも、結果として相談からわずか半年というスピードで、企業組合を結成し事業引継ぎを完了させたのだ。
現在平原さんは、従業員とともに大基通信システム時代のお客様との付き合いや、北陸電々から業務委託された仕事に取り組んでいる。
「今後は、河内社長が考えているシルバー人材センターを、いかに具体化し、軌道に乗せるかが目標になっていくと思う。手探りな部分もあるが、前を向いて頑張りたい」と意欲を語った。
今回のスキームの絵を描いた河内社長は「実際に企業組合が発足して4ヶ月。これから、2社目、3社目となる企業を探していきたい。ゆくゆくは自分の会社も組合の一員としてやっていくことも考えている」と心のうちを語った。
高齢化が進む中で、避けては通れない人材不足の波。企業組合と言うアイディアが、業界を超え、地域社会の課題さえも解決する事業承継スキームの主流となる日も遠くないかもしれない。

平原氏が強く願った、従業員の雇用も守られた。

第1部　パネルディスカッション「事業承継の実務」

> パネルディスカッション　Part2

④ 事業承継・事業再生円滑化にむけた経営者保証ガイドラインの活用

〈司会〉　弁護士　富永　浩明
　　　　　弁護士　小林　信明
〈パネリスト〉　弁護士　髙井　章光
（法人名・役職などはシンポジウム開催当時）

小林（司会）　改めまして、小林信明でございます。よろしくお願いします。
　私は、経営者保証に関するガイドライン研究会の座長としてこのガイドラインの策定に関わりましたが、本日の私のコメントは、個人的な見解であるということを最初に申し上げたいと思います。

小林信明氏

　事業承継やそれと交錯する事業再生の局面で、経営者保証が大きな問題になるということは、本日のシンポジウムでもいろいろな方々からお話があったところです。
　経営者保証ガイドラインにおいて、事業承継の局面についても言及されているわけですが、その内容について髙井先生から簡単にご説明いただきたいと思います。
　髙井先生、よろしくお願いいたします。

4 事業承継・事業再生円滑化にむけた経営者保証ガイドラインの活用

1　経営者保証ガイドラインの規定

(1)　経営者保証ガイドライン第6項について

髙井　135頁に掲げた【資料59】の「経営者保証に関するガイドライン」をご覧ください。ガイドライン（以下、「GL」という。）の2頁目「はじめに」の1段落目に、以下のような記述があります。

　「中小企業・小規模事業者等（以下、「中小企業」という。）の経営者による個人保証（以下、「経営者保証」という。）には、経営への規律付けや信用補完として資金調達の円滑化に寄与する面がある一方、経営者による思い切った事業展開や、保証後において経営が窮境に陥った場合における早期の事業再生を阻害する要因となっているなど、企業の活力を阻害する面もあり、経営者保証の契約時及び履行時等において様々な課題が存在する」。ここでは、経営者保証が「経営への規律付け」と「信用補完」という点から重要とされていることを押さえていただきたいと思います。

　さらに、GLの8頁に、「7. 保証債務の整理」とぅいう項目があり、こちらは企業が破綻して再生または清算する際の保証債務処理の場面で、われわれがよく利用する部分になります。この1つ前、GLの7頁に、「6. 既存の保証契約の適切な見直し」という項目があります。事業承継においては、このGL第6項が問題となります。この第6項の(1)は、「保証契約の見直しの申入れ時の対応」で、保証契約後にその契約内容が相当でなくなったような状況における対応の方法について規定していますが、同項(2)には、「事業承継時の対応」が規定されています。(2)「①主たる債務者及び後継者における対応」では、イ）において、事業承継時の主たる債務者や後継者経営者の対応方針が記載され、ロ）におい

髙井章光氏

て、後継者経営者の保証なしに新たに融資を受ける場合の主たる債務者や後継者の対応方針が記載されています。

　本日問題としたいのは、これらの債務者側の規律ではなく、次の「②対象債権者における対応」にある債権者側の対応方針についてです。事業承継の場面では、従前の融資に対する経営者保証をそのまま後継者に承継させるのか否かという問題と、後継者に経営を譲った前経営者の保証を解除するのか否かという２つの問題があります。GLでは、「イ）後継者との保証契約の締結について」において、従前の融資に対する保証を後継者に引き継がせるか否かに関し、「対象債権者は、前経営者が負担する保証債務について、<u>後継者に当然に引き継がせるのではなく、</u>……」（下線は筆者）と規定しています。さらに、「ロ）前経営者との保証契約の解除について」で、前経営者の保証解除の場面について規定しています。ここでは、「対象債権者は、前経営者から保証契約の解除を求められた場合には、……<u>保証契約の解除について適切に判断することとする。</u>」（下線は筆者）としています。この第６項(2)①②の要件をまとめたものが、**【資料52】**となります。

【資料52】

〔要件〕６.（2)①②イ）ロ)
① 必要な情報開示、経営方針や事業計画等の変更がある場合は誠実かつ丁寧に説明
② 後継者の保証に代わる代替的措置の検討（第４項(2)参照）
③ 後継者への保証について、適切な保証金額の設定、丁寧かつ具体的な説明（第５項参照）
④ 前経営者の保証解除においては、実質的な経営権・支配権や既存借入の保全の状況、法人の資産・収益による返済能力を勘案しつつ適切に解除について判断
⑤ 後継者の保証なしに新たな融資を希望する場合、法人と経営者との関係の明確な区分・分離、財務基盤の強化、財産状況の正確な把握・適時適切な情報開示等の透明性確保（第４項(1)参照）が必要

4 事業承継・事業再生円滑化にむけた経営者保証ガイドラインの活用

　GLでは、その内容を補足するために詳細なQ&Aが作成されています。ご存知のとおり、第7項に関するQ&Aは多岐にわたって設定されていて、非常にわかりやすくなっています。他方で、第6項のQ&Aは、【資料53】のとおり、たった2問しかありません。Q6-1は第6項(1)の一般的な保証契約後における解除等の対応についてのQ&Aであり、事業承継に関する(2)についてのQ&AはQ6-2の1問だけになります。しかも、Q6-2は、前経営者が既存の保証契約を解除する場面についての問題であり、後継者保証についてはQ&Aは存在していません。

【資料53】

> （6．既存の保証契約の適切な見直し）
>
> > Q 6-1　6(1)①について、既存の経営者保証の解除等の申入れを対象債権者に行う場合、主たる債務者及び保証人は、第4項(1)に掲げる経営状況を将来に亘って維持するよう努めることが求められていますが、具体的に主たる債務者や保証人はどのように対応すればよいのでしょうか。
>
> A．法人の事業用資産の経営者個人所有の解消や法人から経営者への貸付等による資金の流出の防止等、法人の資産・経理と経営者の資産・家計を適切に分離することが求められます。例えば以下のような対応が想定されます。
> ➢ 資産の分離については、経営者が法人の事業活動に必要な本社・工場・営業車等の資産を所有している場合、経営者の都合によるこれらの資産の第三者への売却や担保提供等により事業継続に支障をきたす恐れがあるため、そのような資産については経営者の個人所有とはせず、法人所有とすることが望ましいと考えられます。なお、経営者が所有する法人の事業活動に必要な資産が法人の資金調達のために担保提供されていたり、契約において資産処分が制限されているなど、経営者の都合による売却等が制限されている場合や、自宅が店舗を兼ねている、自家用車が営業車を兼ねているなど、明確な分離が困難な場合においては、法人が経営者に適切な賃料を支払うことで、実質的に法人と個人が分離しているものと考えられます。

> 経理・家計の分離については、事業上の必要が認められない法人から経営者への貸付は行わない、個人として消費した費用（飲食代等）について法人の経費処理としないなどの対応が考えられます。

　なお、上記のような対応を確保・継続する手段として、取締役会の適切な牽制機能の発揮や、会計参与の設置、外部を含めた監査体制の確立等による社内管理体制の整備や、法人の経理の透明性向上の手段として、「中小企業の会計に関する基本要領」等に拠った信頼性のある計算書類の作成や対象債権者に対する財務情報の定期的な報告等が考えられます。
　また、こうした対応状況についての公認会計士、税理士等の外部専門家による検証の実施と、対象債権者に対する検証結果の適切な開示がなされることが望ましいと考えられます。

Q 6-2　前経営者に係る既存の保証契約を事業承継時に解除するために、前経営者や後継者はどのように対応すればよいのでしょうか。

A．例えば、以下のような取組みが考えられます。
> 前経営者は、実質的な経営権・支配権を有していないことを対象債権者に示すために、中小企業の代表者から退くとともに、支配株主等に留まることなく、実質的にも経営から退くこと（併せて、当該法人から報酬等を受け取らないこと）。
> 前経営者が、主たる債務者から社会通念上適切な範囲を超える借入等を行っていることが認められた場合は、これを返済すること。
> 対象債権者にとって、法人の資産・収益力では既存債権の回収に懸念が残り、前経営者との保証契約以外の手段では既存債権の保全が乏しい場合には、前経営者の資産のうち、具体的に保全価値があるものとして対象債権者が認識していた資産と同等程度の保全が、後継者等から提供されること。

(2) ガイドライン適用の状況

髙井　他方、GL の利用状況ですが、先ほど加藤先生からご説明がありましたが、【資料45】（97頁）をご覧いただくと——これは金融庁が定

④ 事業承継・事業再生円滑化にむけた経営者保証ガイドラインの活用

期的に開示している民間金融機関におけるGLの活用実績ですが、いちばん下のブロック【代表者の交替時における対応】、すなわち事業承継時の対応について、「⑫旧経営者との保証契約を解除せず、かつ、新経営者との保証契約を締結した件数」が、平成28年10月～29年3月で11,236件となっており、他の対応パターンである⑨から⑪の件数と比べても圧倒的に多くなっています。平成29年4月～9月では11,059件と若干減少しているものの、他のパターンよりも圧倒的に件数が多い状況は変わりません。

　この⑫は、事業承継によって経営者が交代した際に、従前の経営者の保証が入っていながら、さらに新しい経営者の保証も取得するというもので、現在、金融実務では漫然となされている取扱いですが、先ほどご紹介したGLの適用を考えた場合には、このようにさらに保証人を多くして保証を厚くとるということはGLの規定とは逆の対応となります。したがって、一概にはいえませんが、事業承継場面では事業者や経営者はもちろんのこと、金融機関においてもGLの規定があることを知らないのではないか、あるいは、知っていてもどのように適用したらよいかわからず利用が敬遠されているのではないか、とも考えられ、まだまだGLの利用を促進する余地があると思われます。

小林　本日のシンポジウムのPart1で、宇野様から中小企業の事業承継・後継者対策は日本経済にとって非常に重要だというご指摘があり、先ほど、加藤先生、獅子倉様、宇野様からも、後継者を捜す際には経営者保証が大きな課題になっているという問題提起がありました。GLでもその辺の問題意識はあったわけですが、実際の数字をみると、旧経営者と新経営者の双方の保証をとっている例が多いということで、統計上はGLが目指した方向になっていないようにみえる、これで本当にいいのか、という問題提起が髙井先生からもありました。

　そして、GL第6項が事業承継について規定しているものの、それは抽象的な文言でもありますし、また、GL自体では抽象的な文言だったとしてもQ&Aでかなり踏み込んで説明している場面も多いところ、事

業承継についてはQ&Aが1つしかありません。そのため、Q&Aを増やした方がいいのではないかということが、髙井先生を中心とする日弁連の中小企業法律支援センター等で議論されていると聞いております。

　そのあたりの議論の成果を、髙井先生に少しご披露いただければと思います。

2　経営者保証ガイドラインのさらなる活用と課題

髙井　日本弁護士連合会において中小企業問題を扱う委員会に、日弁連中小企業法律支援センターがあります。全国の単位会から180名ほどの委員が参加され、中小企業のいろいろな問題を扱っているのですが、事業承継については、プロジェクトチーム（以下、「PT」という。）を作って対応しています。このPT内のチームで事業承継の場面におけるGLの利用について、特にQ&Aの改訂・新設について検討を行っています。ただ、これからご提案する内容には、そのチームで議論されていない事項も含まれていて、あくまで私見であることをご了承ください。

　事業承継の場面でいちばん問題となっているのは、後継者不在という点です。後継者のなり手がいないということが事業承継が進まない第1の問題です。経営者保証についても事業承継という課題から整理し直してみますと、前経営者の保証解除よりも、後継者が保証を引き継ぎたくなくて経営を引き継いでもらえない、ということの方がより大きな問題となっています。そこで、前経営者の保証解除についてはいったん置いておき、まずは、後継者の保証引継ぎの問題を検討したいと思います。

(1)　新経営者の保証引継ぎが相当な場面

髙井　後継者への対応については、【資料54】に記載したようなQ6-3を設置してみてはどうかと思っています。「事業承継時において後継者に対する対応」として、「事業承継によって経営者が交代する場合に、既存の保証債務について『後継者に当然に引き継がせるのではなく』と

は、どのような場合でしょうか。」という設問です。この「後継者に当然に引き継がせるのではなく」とは、先ほどのGLの記載内容であり、その点に関しより具体的な適用場面について尋ねる内容の設問となります。

【資料54】

> Q6-3【事業承継時において後継者に対する対応】
> 　事業承継によって経営者が交代する場合に、既存の保証債務について「後継者に当然に引き継がせるのではなく」とは、どのような場合でしょうか。

A. ｜旧経営者の保証がある場合｜
　事業承継後においても前経営者が保証債務を負担している場合には、後継者に対して追加して保証を求めることは過剰な保証となる場合が多いことから、原則として後継者には保証を求めないことになります。

> 【参考Q3-2に対するA】
> A．金融機関においては、経営者以外の第三者保証を求めないことを原則とする融資慣行の確立が求められており、やむを得ず事業承継予定者に保証の提供を求める場合も、現経営者の健康上の理由という特別の事情を要件としています。よって、それ以外の場合、事業承継予定者の保証は原則取らないという考え方です。

　（オーナーチェンジの場合の例外）
　但し、前経営者が法人の株式を後継者に譲渡するなど、後継者において法人の実質的支配権を有している場合において、後継者の経営への規律付けのために後継者の保証を求める必要が高いときは、財務内容の適時適正な開示を毎年行うことなどを条件として、短期間に限り保証を求めるなどの対応を検討することになります。

　｜旧経営者の保証が解除された場合｜
　旧経営者の保証債務が解除される場合においても、法人の財務内容がこれまで適時適正に開示がなされ、以下のような状況において財務状況及び経営成績の改善を通じた返済能力の向上等により信用力が強化されているようなときにおいては、信用補完や経営の規律付けの必要性は低くなり、

第1部　パネルディスカッション「事業承継の実務」

円滑な事業承継を支援する趣旨から、後継者に対しては保証を求めない方向になるものと考えます。
- ➢ 業績が堅調で十分な利益（キャッシュフロー）を確保しており、内部留保も十分であること
- ➢ 業績はやや不安定であるものの、業況の下振れリスクを勘案しても、内部留保が潤沢で借入金全額の返済が可能と判断し得ること
- ➢ 内部留保は潤沢とは言えないものの、好業績が続いており、今後も借入を順調に返済し得るだけの利益（キャッシュフロー）を確保する可能性が高いこと
- ➢ 取締役会の適切な牽制機能の発揮や監査体制の確立等、社内管理体制が整理されている場合や、法人の経営と所有（株主）が分離されている場合等、内部又は外部からのガバナンスが十分に働いていること

【参考 Q4-5 のA】
A．経営者個人の資産を債権保全の手段として確保しなくても、法人のみの資産・収益力で借入返済が可能と判断し得る財務状況が期待されています。例えば、以下のような状況が考えられます。
- ➢ 業績が堅調で十分な利益（キャッシュフロー）を確保しており、内部留保も十分であること
- ➢ 業績はやや不安定ではあるものの、業況の下振れリスクを勘案しても、内部留保が潤沢で借入金全額の返済が可能と判断し得ること
- ➢ 内部留保は潤沢とは言えないものの、好業績が続いており、今後も借入を順調に返済し得るだけの利益（キャッシュフロー）を確保する可能性が高いこと

また、後継者に保証を求める場合であっても、停止条件付き、または解除条件付き保証とするなど代替的方法の活用が考えられます（停止条件又は解除条件付保証契約の特約条項（コベナンツ）については、Q4-8 のAを参照）。

（参考 Q4-8 のAの特約条項（コベナンツ）の内容）
- ➢ 役員や株主の変更等の対象債権者への報告義務
- ➢ 試算表等の財務状況に関する書類の対象債権者への提出義務
- ➢ 担保の提供等の行為を行う際に対象債権者の承諾を必要とする制限条項等

① 旧経営者の保証がある場合の新経営者の保証

髙井 まず、旧経営者の保証がある場合の後継者の保証引継ぎの問題を検討してみたいと思います。旧経営者の保証がある場合に後継者の保証まで取得するとなると、これまで以上に保証をとっている状況となるため、原則として、後継者の保証はとらないという方針を明確にしたいと思います。これに該当するのは、たとえば、オーナーチェンジはしておらず、従業員が雇われ社長に就任するようなケースです。

そこで、この設問に対する回答（A）では、「事業承継後においても前経営者が保証債務を負担している場合には、後継者に対して追加して保証を求めることは過剰な保証となる場合が多いことから、原則として後継者には保証を求めないことになります。」としています。先ほどの金融庁発表の実績【資料45】（97頁）では、前経営者の保証がありながら新経営者にも保証を負わせて、保証がダブル（「あり、あり」のケース）となっている状況が多いので、少しでも必要に応じた保証対応をしてもらうために、原則として保証がダブルとならないようにする、というメッセージを最初に明確にしています。

なお、【資料54】中に記載しているとおり、別のQ&AであるQ3-2では、「事業承継予定者に保証の提供を求める場合」について、「事業承継予定者の保証は原則取らないという考え方」が示されており、旧経営者の保証がある場合には原則として新経営者の保証をとらないという考え方は、これまでのGLの方針とも一致していると思われます。

② オーナーチェンジの場合の新経営者の保証

髙井 ただし、旧経営者の保証が残っている場合であっても、実態において後継者が旧経営者から株式をすべて取得しているなどオーナーチェンジされているような場合には、さらに慎重な検討が必要となります。そこで、先ほどGLの冒頭の記載についてご説明したとおり、保証には、「経営への規律付け」と「信用補完」という2つの機能がありますので、この2つの機能から検討してみたいと思います。

第1部　パネルディスカッション「事業承継の実務」

　オーナーチェンジの事業承継でも前経営者の保証が残っていることは少なくなく、そのような場合、「信用補完」面では何ら変わりはないので、「経営への規律付け」をどう考えるかという問題になります。保証以外に規律付けができればそちらを選択することで事業承継を円滑に進めるということを考えてもよい場面だと思いますし、「経営の規律付け」のために一定の限度において保証を検討することもあろうかと思います。その場合でも、たとえば、新経営者が財務内容の適宜開示を毎年行うことを改めて誓約することで、保証を短期間とするなどを検討してもよいのではないかと思います。Q6-3の回答（A）においても、「財務内容の適時適正開示を毎年行うことなどを条件として、短期間に限り保証を求めるなどの対応を検討することになります。」としました。

(2)　旧経営者の保証解除の場面

髙井　他方、オーナーチェンジが行われた場合の多くは、前経営者の保証解除の方向で調整することになるので、その際の新経営者の保証のあり方が大きな問題となります。この場合、事業承継を円滑に進める観点から、保証を引き継ぐことを当然のごとく新経営者に求めるのではなく、他の代替的な措置を検討すべきだろうと思います。たとえば、財務内容が問題ない場合やその情報開示が適時適正になされているような場合には、保証を求めないという対応も考えられてよいかと思います。財務内容に問題がないならば信用補完を保証に求める必要性は低いわけですし、情報開示をきちんと行うことを誓約させることで一定の経営への規律付けも図れると考えられるからです。

　回答（A）では、「以下のような状況において……信用力が強化されているようなときにおいては、信用補完や経営の規律付けの必要性は低くなり、円滑な事業承継を支援する趣旨から、後継者に対しては保証を求めない方向になる」とし、その例示として、「業績が堅調で十分な利益（キャッシュフロー）を確保しており、内部留保も十分であること」、「業績はやや不安定であるものの、業況の下振れリスクを勘案しても、

④ 事業承継・事業再生円滑化にむけた経営者保証ガイドラインの活用

内部留保が潤沢で借入金全額の返済が可能と判断し得ること」などを掲げています。これは、【資料54】に記載しているとおり、Q4-5において、「経営者個人の資産を債権保全の手段として確保しなくても、法人のみの資産・収益力で借入返済が可能と判断し得る財務状況が期待されています。例えば、以下のような状況が考えられます。」として例示されている内容を参考としています。

ただしこれは、金融機関側もその情報をもとに経営者との意見交換を適宜きちんと行うことができることが前提となります。したがって、先ほどの獅子倉様のお話では、金融機関が個々の取引先へ対応することが困難な状況もあるようですので、これまで「保証」によって規律付けを行っていてこうした対応までしていなかった場合、金融機関によっては対応への見直しが必要となるかもしれません。

そのほか保証の代替的措置としては、停止条件付きまたは解除条件付き保証とすることが考えられます。一定の条件が生じない限り保証責任は発生しないとしたり、一定期間において一定の条件を満たせば保証解除となるなどの運用です。【資料54】の最後にQ4-8の特約条項（コベナンツ）例を掲げましたので、これを参考にして停止条件または解除条件とすることが考えられます。

小林 ありがとうございます。先ほども申し上げましたが、中小企業の後継者対策は非常に重要で、その対策において新経営者の保証問題がネックになっているということであれば、それに何らかの対応策を考えるというのは、1つの方向だろうと思います。他方で、GLは金融機関の協力がないとまとまらないという建付けですので、GLのQ&A改定については、金融機関の納得感がないとできませんし、改定してもうまく利用できないことになろうかと思います。

この点ですが、先ほど髙井先生のお話にあったように、経営者保証がどうして提供されるのかという根拠から考えると、「経営の規律付け」と「信用補完」という2点があり、その中でも、「規律付け」の意味合いが大きいという意見があると認識しています。経営の規律付けの観点

からすれば、普通の保証をとるのではなく、髙井先生が最後に説明されたコベナンツをもとにした条件付き保証——つまりコベナンツを遵守すれば個人の保証債務が発生しないが、違反すれば保証債務が生じてしまう制度は、規律付けに関して大きなインセンティブになると思いますので、この観点からは条件付き保証というものがもっと多く利用されてもいいと、個人的に思っています。

　その一方、保証には、もう１つ信用補完という役割もあることから、会社の財務状態がまだまだ芳しくない、あるいは旧経営者が保証を解除すると従前よりも信用補完が低下してしまうというような場合には、金融機関も保証の解除に同意しにくいだろうという気がします。

　そこで、髙井先生のご提案についてお聞きしたいのですが、信用状態が悪い、財務状態が悪い場合には、新旧経営者からの保証の提供もやむを得ないと考えているのか、その場合でも何か対応策をとるべきと考えているのか、いかがでしょうか。

髙井　まず、信用状態や財務状態が悪い場合における旧経営者の保証解除について意見を述べたいと思います。この場合、たとえばM&Aにより優良な企業が買収したようなケースでは、新オーナーの資力や信用力で信用補完を図ることができるでしょうし、経営への規律付けについてもあまり問題にはならないと思います。ですので、旧経営者の保証解除を認める方向でいいように思います。

　問題は従業員が新オーナーになったような場合で、信用補完が十分に図られないような状況下では、一定期間、旧オーナーの保証が残ることもやむを得ないように思います。このように旧経営者の保証解除についても、そのときの場面に応じて行うことになるように思います。

　他方、ご質問における新経営者の保証については、また違う考え方をしています。会社の財務状態がよくない会社で従業員が後継者となる場合、「信用補完」のために必ず保証を求めるべきとすると、後継者の従業員には酷な結果となり、また、このために事業承継が進まないことにもなりかねないので、そこは違う配慮があってよいのではないか、と

思っています。この点については、後ほど補足したいと思います。

小林 ではその論点はまた後にして……。これまではどちらかというと新経営者の視点からでしたが、旧経営者の保証解除という問題もあります。GL の Q6-2 がその点を規定しているわけですが、髙井先生、この辺についてご説明いただくところがあればお願いします。

髙井 【資料53】後半にある Q6-2 では、旧経営者の保証を解除する場合を例示しています。新経営者の保証の承継の問題においても同様ですが、事業承継時の保証の取扱いはケースによって事情もさまざまなので、円滑な保証のあり方を見直すことについては、たとえば、例をたくさん掲載するという方法もあるかと思います。Q6-2 はそのような形ですが、それだと例に合致しないケースでは何も対応しないことになってしまうので、先ほどのお話でもあったとおり、まだ事業承継時における GL の利用がそれほど進んでいないのであれば、もう一歩踏み込み、一定の対応方法を示した方が適切かと思います。

そこで、【資料55】のとおり、Q6-4 として【事業承継時に前経営者から保証解除を求められたときの対応】という設例を作成してみました。「事業承継時に、前経営者が法人の債務に対する既存の保証債務の解除を求めてきた場合、『保証契約の解除について適切に判断する』とは、どのような対応を行うことになるのでしょうか。」という質問内容で、保証契約の解除について適切に判断するというのは、先ほどの GL での表現内容となります。

【資料55】

> Q 6-4【事業承継時に前経営者から保証解除を求められたときの対応】
> 事業承継時に、前経営者が法人の債務に対する既存の保証債務の解除を求めてきた場合、「保証契約の解除について適切に判断する」とは、どのような対応を行うことになるのでしょうか。

A．（オーナーチェンジの場合）
　前経営者が法人の株式を後継者に譲渡した上で、後継者において既存の借入に対して保証を新たに入れた場合には、基本的に前経営者からの保証解除を行う方向で検討することになります。

（判例法の解約権行使の場合）
　さらに、裁判例においては、法人の経営から離脱した保証人が保証契約の解約を求めた場合、信義則上、包括的保証について効力は制限され、解約を求めた以降の法人に対する債務については保証責任を負わないこととされる場合があります（東京地判昭和60年10月31日判時1207号72頁、東京地判平成3年7月31日金法1310号28頁、東京地判平成11年3月31日金法1573号48頁ほか）。したがって、前経営者が事業承継によって法人の経営から離脱したような場合には、その離脱の程度に応じ、その後に発生した債務についての保証責任については免ずる方向で保証責任の範囲を限定的に扱う対応を検討することになります。
　また、前経営者の既存の債務に対する保証責任についても、事業承継後の法人の財務内容、新経営者の保証の有無に応じて、保証の必要性について個別具体的に検討することになります。具体的には、前経営者が法人の株式を後継者に譲渡するなど、後継者において法人の実質的支配権を有している場合において、経営への規律付けの観点からは前経営者の保証は不要といえますので、信用補完面から保証の要否を判断することになります。
　そして、信用補完の必要性に関しても、法人の財務内容がこれまで適時適正に開示がなされ、以下のような状況において法人の財務状況及び後継者による経営成績の改善を通じた返済能力の向上等により信用力が強化されているようなときにおいては、前経営者の保証による信用補完の必要性は低くなり、円滑な事業承継を支援する趣旨から、前経営者の保証を求めない方向になるものと考えます。

➢ 業績が堅調で十分な利益（キャッシュフロー）を確保しており、内部留保も十分であること
➢ 業績はやや不安定であるものの、業況の下振れリスクを勘案しても、内部留保が潤沢で借入金全額の返済が可能と判断し得ること
➢ 内部留保は潤沢とは言えないものの、好業績が続いており、今後も借入を順調に返済し得るだけの利益（キャッシュフロー）を確保する可能性が高いこと
〔参考 Q4-5のA〕

> （旧経営者に保証を残す場合）
> 　さらに、以上の検討の結果として前経営者の保証を維持する場合においては、その必要性について具体的かつ丁寧に前経営者に対して説明するとともに、その保証の対象債権、極度額、期間等の条件を適正に設定することに努め、さらに停止条件つき、または解除条件つき保証とするなど代替的方法の活用を試みるものとします。

①　オーナーチェンジの場合の旧経営者の保証

髙井　旧経営者の保証解除をいちばん検討すべきは、オーナーチェンジがなされた場合と思いますので、そのような場面を検討したいと思います。まず、新保証人が保証を入れるような場合には二重の保証となるので、原則として旧保証は解除する方向で検討されるべきと思います。

ⅰ）裁判例の解約権行使の場合

　裁判例では、包括保証の場合に任意解約権や特別解約権が認められるケースがあり、経営者保証に関しては、経営者が会社の借入れについて包括保証していた場合、退任後には既存の債務のみ保証責任を負い、将来の債務についての保証を解除する旨の権利行使が認められているものがあります。したがって、事業承継でも同様に、「前経営者が事業承継によって法人の経営から離脱したような場合には、その離脱の程度に応じ、その後に発生した債務についての保証責任については免ずる方向で保証責任の範囲を限定的に扱う対応を検討することにな」るとしています。

　また、既存の債務についても、オーナーチェンジがなされており新経営者によって経営への規律付けができている場合で、信用補完面から検討して一定の信用力が強化されているのであれば、前経営者の保証解除も検討する方向になるものとしています。なお、「一定の信用力が強化されているとき」とは、「業績が堅調で十分な利益（キャッシュフロー）を確保しており、内部留保も十分であること」、「業績はやや不安定であ

るものの、業況の下振れリスクを勘案しても、内部留保が潤沢で借入金全額の返済が可能と判断し得ること」など、先ほどご紹介した【資料53】Q4-5の（A）に記載されている事項が該当することになります。
　ⅱ）旧経営者に保証を残す場合
　旧経営者に保証を残す場合でも、その必要性について説明するとともに、保証の条件の適正化を図り、また停止条件や解除条件を付けるなど代替的方法を活用することとしています。

②　オーナーチェンジがなされていない場合の旧経営者の保証
髙井　さらに、オーナーチェンジがなされていない場合であっても、新経営者の保証の内容や代替的措置等の状況に応じて、「経営の規律付け」「信用補完」の観点から、旧経営者についても必要な限度に保証責任を限定したり解除することが検討されるべきと思います。
小林　ご提案は、かなり突っ込んだ内容のQ&Aという印象を受けました。これに限らない一般論ですが、GLのQ&A作成時に、金融機関と中小企業との関係は多種多様で個別性が強いので、いろいろなことを具体的に記載するとかえって個別的な取扱いの弾力性・適切性に反するようなことにもなるため、具体的な文言はなじまないのではないかという意見がありました。他方で、あまりに抽象的な文言では処理の方法が定まらず、期待された方向に実務が進まないのではないかという意見もあって、議論になりました。この点はQ&Aを起案する際には悩ましいところですが、その観点からすると、ご提案はかなり具体的な、突っ込んだ案だなと思いました。
　ただ、最初にも申し上げましたが、私的整理ですので、金融機関というか、債権者の皆さま方の納得感が得られるかどうかという点が問題になろうかと思います。
髙井　そのとおりだと思います。Q&Aだけでなく、事例紹介などでこのテーマについて認識・検討してもらい、金融機関にさらに理解を深めてもらうことも必要だと思います。

(3) 事業承継の場面と事業再生が交錯するような場合

小林 それでは次の問題です。事業承継の場面と事業再生が交錯するような場合にGLをどう考えるのか。これについて、髙井先生、お願いします。

① 事業承継前に事業再生を実施した後の保証の取扱い

髙井 事業承継後に事業再生を行う場合、まだ経営に慣れない新経営者の苦労も大きなときであり、状況によっては就任したばかりなのに経営責任をとらなければならないという事態もあり得るため、会社をそのままの状況で後継者に承継させることで問題ないのか、それとも、まずは適切なリストラを実施し、事業再生が必要な場合には過大負債処理も実施した後に承継させる方向がよいのかを、旧経営陣においてまず検討する必要があります。

基本的には、新経営者の負担を軽減しつつ事業承継を円滑に進めるためには、リストラや事業再生手続を行った後に事業承継を実施する方が好ましく、金融機関をはじめとする周囲の関係者においても、このような対応を進めていくべきかと思います。この場合、旧経営者の保証については、GL第7項が適用されることになります。

【資料56】

> 4．事業承継前に事業再生を実施した後の保証の取扱い
>
> (1) 過剰債務処理（事業再生を実施）
> 旧経営者は経営責任をとって退任
> 〔旧経営者の保証の整理についてＧＬ第7項〕
>
> (2) 新経営者が事業承継（債務免除後の旧負債を弁済していく）
> ★このとき、新経営者に対して旧負債に対する新たな保証を求めることが問題

> 新たな保証を求める実務があるとすれば、経営者保証ガイドライン第6項がこの時点で適用されるべきであり、原則として保証を求めない運用

② 事業再生後に事業承継を行う場合の保証の取扱い

髙井 他方、事業再生が成立して旧経営者が経営責任をとって退陣し、会社が残りの負債をその後の事業活動によって返済していくようなケースで、さらに新経営者の保証を求めるとすると、先ほどの加藤先生の紹介事例のように、保証を引き継ぐことが条件となったために事業の後継者が現れないということもありえますし、保証債務は事業再生の段階で前経営者によっていったん整理されていることもあり、新経営者に保証責任を負わせるべきではないと考えます。ケースバイケースではありますが、新経営者はその後の新たな融資等について保証することはあっても、経営責任を引き継ぐ形で新経営者に従前の債務の保証を求めることは、再生後の後継者を得ることをさらに困難にしてしまうことになろうかと思います。

Q&Aの問題からは離れますが、事業再生において一定の債務免除を受けた後の残債務について、新たに会社経営を引き継ぐ者に対しては、事業承継に関するGL第6項、すなわち、保証を「後継者に当然に引き継がせるのではな」いことが妥当し、事業再生において利用されたGL第7項に引き続いて、第6項を被せて適用させることができるのではないか、と思います。そのようにGLを適用することで、再生支援のみならず事業承継支援をも行っていくという運用を実践していくべきではないか、ということを提言したいと思います。

③ 債務超過企業の事業承継時のガイドライン第6項の取扱い

髙井 GL第6項は、規定の仕方からすると、企業の財務基盤は一定程

度安定していることが前提となっているように思われます。したがって、債務超過企業の事業承継では、財務基盤に問題ありということで、経営者保証GLの第6項が利用できない場合がありえます。先ほど、小林先生からご質問があった問題です。

　しかし、日本の中小企業のうち特に小規模の企業では、債務超過の状態で事業を継続しているところも多く、これら企業の存続も重要な課題だと認識しています。したがって事業承継の際、債務超過であれば後継者は必ず保証を引き継がねばならないとすると、小規模企業ではただでさえ後継者が見つからない状況であるのに、ますます事業承継が困難になってしまうと思います。強固な経営基盤がない中小企業が債務超過である場合には、いつ保証履行が現実化するかわからないわけですから、そのような状況で経営を担当し、かつすべての金融債務の保証責任を負うということは、後継者にとっては非常に酷な条件を突き付けられているといえます。

　しかしそれでは、金融機関としては、このまま取引先企業が事業承継できず、次々と廃業となってしまってよいのかという問題が生ずることになります。そこで、単に当該企業の目前の経済合理性のみで保証引継ぎの要否を判断するのではなく、たとえば、会社と保証人を一体として経済合理性を判断するとしたGL第7項の考え方を用いて、保証人が経営を承継することで会社が継続する場合の効果と、保証人が経営を承継しないで会社が清算された場合の効果を比べて判断してもよいのではないかと思います。

　GL第7項の、会社と保証人を一体として経済合理性を判断する基準については、【資料57】Q7-4を参考として掲載しています。

【資料57】

（7．保証債務の整理）

> **Q 7-4** 7(1)ハに「主たる債務者の債務及び保証人の保証債務を総合的に考慮して、破産手続による配当よりも多くの回収を得られる見込みがある」とありますが、対象債権者は、どのようにして回収の見込みを判断するのでしょうか。

A．主たる債務者が再生型手続の場合、以下の①の額が②の額を上回る場合には、ガイドラインに基づく債務整理により、破産手続による配当よりも多くの回収を得られる見込みがあるものと考えられます。
① 主たる債務及び保証債務の弁済計画（案）に基づく回収見込額（保証債務の回収見込額にあっては、合理的に見積もりが可能な場合。以下同じ。）の合計金額
② 現時点において主たる債務者及び保証人が破産手続を行った場合の回収見込額の合計金額

なお、主たる債務者が第二会社方式により再生を図る場合、以下の①の額が②の額を上回る場合には、ガイドラインに基づく債務整理により、破産手続による配当よりも多くの回収を得られる見込みがあるものと考えられます。
① 会社分割（事業譲渡を含む）後の承継会社からの回収見込額及び清算会社からの回収見込額並びに保証債務の弁済計画（案）に基づく回収見込額の合計金額
② 現時点において主たる債務者及び保証人が破産手続を行った場合の回収見込額の合計金額

主たる債務者が清算型手続の場合、以下の①の額が②の額を上回る場合には、ガイドラインに基づく債務整理により、破産手続による配当よりも多くの回収を得られる見込みがあるものと考えられます。
① 現時点において清算した場合における主たる債務の回収見込額及び保証債務の弁済計画（案）に基づく回収見込額の合計金額
② 過去の営業成績等を参考としつつ、清算手続が遅延した場合の将来時点（将来見通しが合理的に推計できる期間として最大3年程度を想定）における主たる債務及び保証債務の回収見込額の合計金額

髙井 同様に、後継者の事業承継を認めるか認めないかについて、保証人と会社を一体として経済合理性を判断した場合、いずれも旧経営者の保証は残り新経営者の保証は加わりませんが、新経営者が事業承継することで会社が事業を継続するので、これにより会社からの回収可能性を一定程度見込むことができるようになります。他方、事業承継がなされなかった場合、現経営者の引退年齢の到達とともに企業が廃業になれば、金融機関としては、取引継続による利益（利息収入）が途絶え、また、事業再建の機会をも失うことになります。

　そうであれば、早晩に廃業となる場合と事業承継がなされ取引が継続することの経済的損得を比べて、そこに経済的メリットを見出すことができれば、事業承継を進めることに経済合理性を求めることができます。これについては、【資料58】のように整理することができます。

【資料58】

5．債務超過企業の事業承継時のＧＬ第6項の取扱い

平時ではないため、旧経営者の保証を解除する要件（既存債権の保全・資産や収益力による返済能力）を充足しない。また、新経営者の保証についても同様の取扱いとなるものと考えられる。

> 経営者保証ガイドライン第7項（参考Q 7-4）は、主債務者からの回収と保証債務からの回収を一体的に考えた上で経済合理性を判断し、合理性が認められる場合には保証債務の整理（免除）を行うこととなる。これを参考として、債務超過企業の事業承継においても、下記のとおり①より②の金額が多い場合には、経済合理性が認められることとし、旧経営者の保証の解除や、新経営者に保証を求めない運用を実施する。
>
> ①　主たる債務者が事業承継せず廃業した場合の回収額
> 　　　　　　　　　＋（旧経営者保証人からの回収額）
> ②　主たる債務者が事業承継して事業継続した場合の回収可能性
> 　　　　　　　　　＋（旧経営者保証人からの回収額）

第1部　パネルディスカッション「事業承継の実務」

髙井　このように検討する際、金融機関としては、当該顧客企業の存続のみではなく、地域経済をも視野に入れて判断することもあってよいのではないか、と思います。すなわち、顧客企業が事業を継続することによって、取引先との取引が継続され、地域経済も安定することが見込める場合があるのではないかと思います。他方、廃業となった場合には取引先にも影響が生じ、業態によっては地域経済にも大きな影響が生ずることになりかねないので、当該顧客企業からの回収のみならず、地域経済に与えるマイナス面についても考慮した方がいい場合もあるように思います。

　金融機関において、後継者に保証を引き継がせるのか否か（または短期間の保証や条件付き保証などを検討するのか否か）は、それによって生じる問題をそれぞれ比べた上で、より広い視野に立って経済合理性を判断するとした場合には、GL第7項の考え方から前述のような判断基準で対応することが求められるかと思いますので、そのような運用を――特に地域金融機関では、地域内の廃業による顧客喪失をどのように食い止めるかという課題もあるので、積極的に検討していただくことを提言したいと思います。

小林　ありがとうございます。

　まず、事業再生後に事業承継を行う場合の保証の取扱いについて、私の個人的な感想を述べたいと思います。

　先ほどの加藤先生からのご報告では、事業再生を行って過剰債務をカットし適正な金融債務状態にした後でも新経営者に個人保証を徴求するという実務があるとのことでしたが、この実務の取扱いについては、髙井先生と同じく改善の余地があるのではないかという感想を持ちました。先般、中小企業に金融債権を保有する団体との会合で議論したことがありますが、そこでは、抜本再生した後の新経営者には個人保証を求めない方向とのことでした。

　事業再生で債務カットした後は、資産と負債が見合っているというのか、収益性と債務が見合っているというのか、いろいろな説明の仕方が

④ 事業承継・事業再生円滑化にむけた経営者保証ガイドラインの活用

あるとは思いますが、金融債務の負担水準がある程度適切な状態になったということだと思います。そうだとすれば、信用補完の側面からの保証の必要性はかなり減退するのではないかという思いもあります。

他方で、経営者への規律付けが必要ということであれば、先ほど言及されたコベナンツを盛り込んだ条件付き保証をするということには、納得感があります。信用補完という側面が減退した中では、少なくとも普通の保証はとらなくてもいいのではないかという思いがあります。

新経営者が子供であれば、相続をして親から資産を引き継ぐわけですから、保証も引き継ぐことに違和感はないのかもしれませんが、従業員が新経営者になるときに保証もするとなると、相当ハードルが高くなると思います。自分自身を考えてみても、保証人になるのはちょっとむずかしいだろうという気がします――女房に相談したら絶対に反対するだろうと思いますし（笑……）。

したがって、繰返しで恐縮ですが、最初のところ――つまり中小企業の後継者を探すことが社会的に非常に重要だという視点を踏まえると、この辺について実務的に改善されてもいいのではないかと思いました。

次に、債務超過企業の事業承継時のGL第6項の取扱いについてのご指摘は、非常に注目すべきご見解だと思いました。これは、廃業した場合と比較して、経済合理性の観点から保証債務を解除することの正当性を主張するということでしょうか。

髙井 そのとおりです。金融機関として、廃業となるのをただただ受け入れるのか、それとも新しい経営者へ交代しやすく協力して、さらに企業継続を図っていくのか、という視点において、まずは新経営者の保証を限定的にすることが必要だと思っています。債務超過企業の立直しを担う新たな経営者に対して、すべての負債の保証を負わせるのは合理的ではないと考えていますが、他方、旧経営者の保証解除については、慎重にならざるを得ないのも当然かと思っています。

小林 たしかに、後継者が見つからなければ廃業してしまうという現実を踏まえて、実務が動けばいいなと思ったところです。

第1部　パネルディスカッション「事業承継の実務」

　大変有意義な議論をありがとうございました。ちょうど時間になったようです。

富永（司会）　ありがとうございます。

　以上をもちまして本日予定されていた検討項目すべてを終了しました。事業承継の重要性、事業承継において個人保証がネックになっていること、その個人保証についていかに対応していくかについて、パネリストの皆さま方のおかげでいろいろなことをお伝えすることができました。

　本日ご来場の皆さま方におかれましても、今後の業務の参考にしていただければ幸いです。

　ご登壇の皆さま方、本当にありがとうございました。（拍手）

【資料59】

経営者保証に関するガイドライン

平成２５年１２月

経営者保証に関するガイドライン研究会

出典：日本商工会議所ウェブサイト http://www.jcci.or.jp/chusho/kinyu/131205 guideline.pdf 、
　全国銀行協会ウェブサイト https://www.zenginkyo.or.jp/fileadmin/res/abstract/adr/sme/guideline.pdf。

第1部　パネルディスカッション「事業承継の実務」

経営者保証に関するガイドライン

　　はじめに
１．目的
２．経営者保証の準則
３．ガイドラインの適用対象となり得る保証契約
４．経営者保証に依存しない融資の一層の促進
　（１）主たる債務者及び保証人における対応
　　　　① 法人と経営者との関係の明確な区分・分離
　　　　② 財務基盤の強化
　　　　③ 財務状況の正確な把握、適時適切な情報開示等による経営の透明性確保
　（２）対象債権者における対応
５．経営者保証の契約時の対象債権者の対応
　（１）主たる債務者や保証人に対する保証契約の必要性等に関する丁寧かつ具体的な説明
　（２）適切な保証金額の設定
６．既存の保証契約の適切な見直し
　（１）保証契約の見直しの申入れ時の対応
　　　　① 主たる債務者及び保証人における対応
　　　　② 対象債権者における対応
　（２）事業承継時の対応
　　　　① 主たる債務者及び後継者における対応
　　　　② 対象債権者における対応
７．保証債務の整理
　（１）ガイドラインに基づく保証債務の整理の対象となり得る保証人
　（２）保証債務の整理の手続
　（３）保証債務の整理を図る場合の対応
　　　　① 一時停止等の要請への対応
　　　　② 経営者の経営責任の在り方
　　　　③ 保証債務の履行基準（残存資産の範囲）
　　　　④ 保証債務の弁済計画
　　　　⑤ 保証債務の一部履行後に残存する保証債務の取扱い
８．その他

4 事業承継・事業再生円滑化にむけた経営者保証ガイドラインの活用

経営者保証に関するガイドライン

はじめに

中小企業・小規模事業者等(以下「中小企業」という。)の経営者による個人保証(以下「経営者保証」という。)[1]には、経営への規律付けや信用補完として資金調達の円滑化に寄与する面がある一方、経営者による思い切った事業展開や、保証後において経営が窮境に陥った場合における早期の事業再生を阻害する要因となっているなど、企業の活力を阻害する面もあり、経営者保証の契約時及び履行時等において様々な課題が存在する。

このため、平成25年1月、中小企業庁と金融庁が共同で有識者との意見交換の場として「中小企業における個人保証等の在り方研究会」を設置した。本研究会において、中小企業における経営者保証等の課題全般を、契約時の課題と履行時等における課題の両局面において整理するとともに、中小企業金融の実務の円滑化に資する具体的な政策的出口について継続的な議論が行われ、同年5月、課題の解決策の方向性とともに当該方向性を具体化したガイドラインの策定が適当である旨の「中小企業における個人保証等の在り方研究会報告書」が公表された。

また、日本再興戦略(同年6月14日閣議決定)においても、新事業を創出し、開・廃業率10%台を目指すための施策として、当該ガイドラインが位置付けられている。

同年8月、本報告書にて示された方向性を具体化することを目的として、行政当局の関与の下、日本商工会議所と全国銀行協会が共同で、有識者を交えた意見交換の場として「経営者保証に関するガイドライン研究会」を設置した。

この「経営者保証に関するガイドライン」は、本研究会における中小企業団体及び金融機関団体の関係者、学識経験者、専門家等の議論を踏まえ、中小企業の経営者保証に関する契約時及び履行時等における中小企業、経営者及び金融機関による対応についての、中小企業団体及び金融機関団体共通の自主的自律的な準則として、策定・公表するものである。

1. 目的

このガイドラインは、中小企業金融における経営者保証について、主たる債務者、保証人[2](保証契約の締結によって保証人となる可能性のある者を含む。以下同じ。)及

---

[1] このガイドラインは中小企業・小規模事業者の経営者保証を主たる対象としているが、必ずしも対象を当該保証に限定しているものではない。

[2] 併存的債務引受を行った経営者であって、対象債権者によって、実質的に経営者保証人と同等の効果が期待されているものも含む。

第1部　パネルディスカッション「事業承継の実務」

び対象債権者（中小企業に対する金融債権を有する金融機関等であって、現に経営者に対して保証債権[3]を有するもの、あるいは、将来これを有する可能性のあるものをいう。また、主たる債務の整理局面において保証債務の整理（保証債務の全部又は一部の免除等をいう。以下同じ。）を行う場合においては、成立した弁済計画により権利を変更されることが予定されている保証債権の債権者をいう。以下同じ。）において合理性が認められる保証契約の在り方等を示すとともに、主たる債務の整理局面における保証債務の整理を公正かつ迅速に行うための準則を定めることにより、経営者保証の課題に対する適切な対応を通じてその弊害を解消し、もって主たる債務者、保証人及び対象債権者の継続的かつ良好な信頼関係の構築・強化とともに、中小企業の各ライフステージ（創業、成長・発展、早期の事業再生や事業清算への着手、円滑な事業承継、新たな事業の開始等をいう。以下同じ。）における中小企業の取組意欲の増進を図り、ひいては中小企業金融の実務の円滑化を通じて中小企業の活力が一層引き出され、日本経済の活性化に資することを目的とする。

2．経営者保証の準則
　（1）このガイドラインは、経営者保証における合理的な保証契約の在り方等を示すとともに主たる債務の整理局面における保証債務の整理を公正かつ迅速に行うための準則であり、中小企業団体及び金融機関団体の関係者が中立公平な学識経験者、専門家等と共に協議を重ねて策定したものであって、法的拘束力はないものの、主たる債務者、保証人及び対象債権者によって、自発的に尊重され遵守されることが期待されている。
　（2）このガイドラインに基づき経営者保証に依存しない融資の一層の促進が図られることが期待されるが、主たる債務者である中小企業の法人個人の一体性[4]に一定の合理性や必要性が認められる場合等において経営者保証を締結する際には、主たる債務者、保証人及び対象債権者は、このガイドラインに基づく保証契約の締結、保証債務の整理等における対応について誠実に協力する。
　（3）主たる債務者、保証人及び対象債権者は、保証債務の整理の過程において、共有した情報について相互に守秘義務を負う。
　（4）このガイドラインに基づく保証債務の整理は、公正衡平を旨とし、透明性を尊重する。

---

[3] 中小企業の金融債務について、経営者により、実質的に経営者保証と同等の効果が期待される併存的債務引受がなされた場合における、当該経営者に対する債権も含む。
[4] 「中小企業における個人保証等の在り方研究会報告書」参照

4 事業承継・事業再生円滑化にむけた経営者保証ガイドラインの活用

3．ガイドラインの適用対象となり得る保証契約

このガイドラインは、以下の全ての要件を充足する保証契約に関して適用されるものとする。

（1）保証契約の主たる債務者が中小企業であること

（2）保証人が個人であり、主たる債務者である中小企業の経営者であること。ただし、以下に定める特別の事情がある場合又はこれに準じる場合[5]については、このガイドラインの適用対象に含める。

① 実質的な経営権を有している者、営業許可名義人又は経営者の配偶者（当該経営者と共に当該事業に従事する配偶者に限る。）が保証人となる場合

② 経営者の健康上の理由のため、事業承継予定者が保証人となる場合

（3）主たる債務者及び保証人の双方が弁済について誠実であり、対象債権者の請求に応じ、それぞれの財産状況等（負債の状況を含む。）について適時適切に開示していること

（4）主たる債務者及び保証人が反社会的勢力ではなく、そのおそれもないこと

4．経営者保証に依存しない融資の一層の促進

経営者保証に依存しない融資の一層の促進のため、主たる債務者、保証人及び対象債権者は、それぞれ、次の対応に努めるものとする。

（1）主たる債務者及び保証人における対応

主たる債務者が経営者保証を提供することなしに資金調達することを希望する場合には、まずは、以下のような経営状況であることが求められる。

① 法人と経営者との関係の明確な区分・分離

主たる債務者は、法人の業務、経理、資産所有等に関し、法人と経営者の関係を明確に区分・分離し、法人と経営者の間の資金のやりとり（役員報酬・賞与、配当、オーナーへの貸付等をいう。以下同じ。）を、社会通念上適切な範囲を超えないものとする体制を整備するなど、適切な運用を図ることを通じて、法人個人の一体性の解消に努める。

---

[5] このガイドラインは中小企業の経営者（及びこれに準ずる者）による保証を主たる対象としているが、財務内容その他の経営の状況を総合的に判断して、通常考えられるリスク許容額を超える融資の依頼がある場合であって、当該事業の協力者や支援者からそのような融資に対して積極的に保証の申し出があった場合等、いわゆる第三者による保証について除外するものではない。

第1部　パネルディスカッション「事業承継の実務」

　　　　　また、こうした整備・運用の状況について、外部専門家（公認会計士、税理士等をいう。以下同じ。）による検証を実施し、その結果を、対象債権者に適切に開示することが望ましい。

　②　財務基盤の強化
　　　　　経営者保証は主たる債務者の信用力を補完する手段のひとつとして機能している一面があるが、経営者保証を提供しない場合においても事業に必要な資金を円滑に調達するために、主たる債務者は、財務状況及び経営成績の改善を通じた返済能力の向上等により信用力を強化する。

　③　財務状況の正確な把握、適時適切な情報開示等による経営の透明性確保
　　　　　主たる債務者は、資産負債の状況（経営者のものを含む。）、事業計画や業績見通し及びその進捗状況等に関する対象債権者からの情報開示の要請に対して、正確かつ丁寧に信頼性の高い情報を開示・説明することにより、経営の透明性を確保する。
　　　　　なお、開示情報の信頼性の向上の観点から、外部専門家による情報の検証を行い、その検証結果と合わせた開示が望ましい。
　　　　　また、開示・説明した後に、事業計画・業績見通し等に変動が生じた場合には、自発的に報告するなど適時適切な情報開示に努める。

（2）対象債権者における対応
　　　　対象債権者は、停止条件又は解除条件付保証契約[6]、ＡＢＬ[7]、金利の一定の上乗せ等の経営者保証の機能を代替する融資手法のメニューの充実を図ることとする。
　　　　また、法人個人の一体性の解消等が図られている、あるいは、解消等を図ろうとしている主たる債務者が資金調達を要請した場合において、主たる債務者において以下のような要件が将来に亘って充足すると見込まれるときは、主たる債務者の経営状況、資金使途、回収可能性等を総合的に判断する中で、経営者保証を求めない可能性、上記のような代替的な融資手法を活用する可能性について、主たる債務者の意向も踏まえた上で、検討する。
　　イ）法人と経営者個人の資産・経理が明確に分離されている。
　　ロ）法人と経営者の間の資金のやりとりが、社会通念上適切な範囲を超えない。
　　ハ）法人のみの資産・収益力で借入返済が可能と判断し得る。

---

[6]　停止条件付保証契約とは主たる債務者が特約条項（コベナンツ）に抵触しない限り保証債務の効力が発生しない保証契約であり、解除条件付保証契約とは主たる債務者が特約条項（コベナンツ）を充足する場合は保証債務が効力を失う保証契約である。
[7]　Asset Based Lending　流動資産担保融資

④ 事業承継・事業再生円滑化にむけた経営者保証ガイドラインの活用

ニ) 法人から適時適切に財務情報等が提供されている。
ホ) 経営者等から十分な物的担保の提供がある。

5．経営者保証の契約時の対象債権者の対応
　対象債権者が第4項(2)に即して検討を行った結果、経営者保証を求めることが止むを得ないと判断された場合や、中小企業における法人個人の一体性に一定の合理性や必要性が認められる場合等で、経営者と保証契約を締結する場合、対象債権者は以下の対応に努めるものとする。

（1）主たる債務者や保証人に対する保証契約の必要性等に関する丁寧かつ具体的な説明
　　対象債権者は、保証契約を締結する際に、以下の点について、主たる債務者と保証人に対して、丁寧かつ具体的に説明することとする。
イ）保証契約の必要性
ロ）原則として、保証履行時の履行請求は、一律に保証金額全額に対して行うものではなく、保証履行時の保証人の資産状況等を勘案した上で、履行の範囲が定められること
ハ）経営者保証の必要性が解消された場合には、保証契約の変更・解除等の見直しの可能性があること

（2）適切な保証金額の設定
　　対象債権者は、保証契約を締結する際には、経営者保証に関する負担が中小企業の各ライフステージにおける取組意欲を阻害しないよう、形式的に保証金額を融資額と同額とはせず、保証人の資産及び収入の状況、融資額、主たる債務者の信用状況、物的担保等の設定状況、主たる債務者及び保証人の適時適切な情報開示姿勢等を総合的に勘案して設定する。

　　このような観点から、主たる債務者の意向も踏まえた上で、保証債務の整理に当たっては、このガイドラインの趣旨を尊重し、以下のような対応を含む適切な対応を誠実に実施する旨を保証契約に規定する。
イ）保証債務の履行請求額は、期限の利益を喪失した日等の一定の基準日における保証人の資産の範囲内とし、基準日以降に発生する保証人の収入を含まない。
ロ）保証人が保証履行時の資産の状況を表明保証し、その適正性について、対象債権者からの求めに応じ、保証人の債務整理を支援する専門家（弁護士、公認会計士、税理士等の専門家であって、全ての対象債権者がその適格性を認める

第1部　パネルディスカッション「事業承継の実務」

ものをいう。以下「支援専門家」という。）の確認を受けた場合において、その状況に相違があったときには、融資慣行等に基づく保証債務の額が復活することを条件として、主たる債務者と対象債権者の双方の合意に基づき、保証の履行請求額を履行請求時の保証人の資産の範囲内とする。

また、対象債権者は、同様の観点から、主たる債務者に対する金融債権の保全のために、物的担保等の経営者保証以外の手段が用いられている場合には、経営者保証の範囲を当該手段による保全の確実性が認められない部分に限定するなど、適切な保証金額の設定に努める。

6．既存の保証契約の適切な見直し
　（1）保証契約の見直しの申入れ時の対応
　　　① 主たる債務者及び保証人における対応
　　　　　主たる債務者及び保証人は、既存の保証契約の解除等の申入れを対象債権者に行うに先立ち、第4項（1）に掲げる経営状況を将来に亘って維持するよう努めることとする。

　　　② 対象債権者における対応
　　　　　主たる債務者において経営の改善が図られたこと等により、主たる債務者及び保証人から既存の保証契約の解除等の申入れがあった場合は、対象債権者は第4項（2）に即して、また、保証契約の変更等の申入れがあった場合は、対象債権者は、申入れの内容に応じて、第4項（2）又は第5項に即して、改めて、経営者保証の必要性や適切な保証金額等について、真摯かつ柔軟に検討を行うとともに、その検討結果について主たる債務者及び保証人に対して丁寧かつ具体的に説明することとする。

　（2）事業承継時の対応
　　　① 主たる債務者及び後継者における対応
　　　　イ）主たる債務者及び後継者は、対象債権者からの情報開示の要請に対し適時適切に対応する。特に、経営者の交代により経営方針や事業計画等に変更が生じる場合には、その点についてより誠実かつ丁寧に、対象債権者に対して説明を行う。

　　　　ロ）主たる債務者が、後継者による個人保証を提供することなしに、対象債権者から新たに資金調達することを希望する場合には、主たる債務者及び後継

④ 事業承継・事業再生円滑化にむけた経営者保証ガイドラインの活用

者は第4項（1）に掲げる経営状況であることが求められる。

② 対象債権者における対応
　イ）後継者との保証契約の締結について
　　　対象債権者は、前経営者が負担する保証債務について、後継者に当然に引き継がせるのではなく、必要な情報開示を得た上で、第4項（2）に即して、保証契約の必要性等について改めて検討するとともに、その結果、保証契約を締結する場合には第5項に即して、適切な保証金額の設定に努めるとともに、保証契約の必要性等について主たる債務者及び後継者に対して丁寧かつ具体的に説明することとする。

　ロ）前経営者との保証契約の解除について
　　　対象債権者は、前経営者から保証契約の解除を求められた場合には、前経営者が引き続き実質的な経営権・支配権を有しているか否か、当該保証契約以外の手段による既存債権の保全の状況、法人の資産・収益力による借入返済能力等を勘案しつつ、保証契約の解除について適切に判断することとする。

7．保証債務の整理
（1）ガイドラインに基づく保証債務の整理の対象となり得る保証人
　　　以下の全ての要件を充足する場合において、保証人は、当該保証人が負担する保証債務について、このガイドラインに基づく保証債務の整理を対象債権者に対して申し出ることができる。また、当該保証人の申し出を受けた対象債権者は、第2項の準則に即して、誠実に対応することとする。
　イ）対象債権者と保証人との間の保証契約が第3項の全ての要件を充足すること
　ロ）主たる債務者が破産手続、民事再生手続、会社更生手続若しくは特別清算手続（以下「法的債務整理手続」という。）の開始申立て又は利害関係のない中立かつ公正な第三者が関与する私的整理手続及びこれに準ずる手続（中小企業再生支援協議会による再生支援スキーム、事業再生ＡＤＲ、私的整理ガイドライン、特定調停等をいう。以下「準則型私的整理手続」という。）の申立てをこのガイドラインの利用と同時に現に行い、又は、これらの手続が係属し、若しくは既に終結していること
　ハ）主たる債務者の資産及び債務並びに保証人の資産及び保証債務の状況を総合的に考慮して、主たる債務及び保証債務の破産手続による配当よりも多くの回収を得られる見込みがあるなど、対象債権者にとっても経済的な合理性が期待できること

第1部　パネルディスカッション「事業承継の実務」

　　ニ）保証人に破産法第252条第1項（第10号を除く。）に規定される免責不許可事由が生じておらず、そのおそれもないこと

（2）　保証債務の整理の手続
　　このガイドラインに基づく保証債務の整理を実施する場合において、主たる債務と保証債務の一体整理を図るときは、以下のイ）の手続によるものとし、主たる債務について法的債務整理手続が申し立てられ、保証債務のみについて、その整理を行う必要性がある場合等、主たる債務と保証債務の一体整理が困難なため、保証債務のみを整理するときは、以下のロ）の手続によるものとする。

　　イ）主たる債務と保証債務の一体整理を図る場合
　　　　法的債務整理手続に伴う事業毀損を防止するなどの観点や、保証債務の整理についての合理性、客観性及び対象債権者間の衡平性を確保する観点から、主たる債務の整理に当たって、準則型私的整理手続を利用する場合、保証債務の整理についても、原則として、準則型私的整理手続を利用することとし、主たる債務との一体整理を図るよう努めることとする。具体的には、準則型私的整理手続に基づき主たる債務者の弁済計画を策定する際に、保証人による弁済もその内容に含めることとする。

　　ロ）保証債務のみを整理する場合
　　　　原則として、保証債務の整理に当たっては、当該整理にとって適切な準則型私的整理手続を利用することとする。

（3）保証債務の整理を図る場合の対応
　　主たる債務者、保証人及び対象債権者は、保証債務の整理に当たり以下の定めに従うものとし、対象債権者は合理的な不同意事由がない限り、当該債務整理手続の成立に向けて誠実に対応する。
　　なお、以下に記載のない内容（債務整理の開始要件、手続等）については、各準則型私的整理手続に即して対応する。

　　①　一時停止等の要請への対応
　　　　以下の全ての要件を充足する場合には、対象債権者は、保証債務に関する一時停止や返済猶予（以下「一時停止等」という。）の要請に対して、誠実かつ柔軟に対応するように努める。
　　　　イ）原則として、一時停止等の要請が、主たる債務者、保証人、支援専門家が連名した書面によるものであること（ただし、全ての対象債権者の同意があ

④ 事業承継・事業再生円滑化にむけた経営者保証ガイドラインの活用

　　　　る場合及び保証債務のみを整理する場合で当該保証人と支援専門家が連名した書面がある場合はこの限りでない。）
　ロ）一時停止等の要請が、全ての対象債権者に対して同時に行われていること
　ハ）主たる債務者及び保証人が、手続申立て前から債務の弁済等について誠実に対応し、対象債権者との間で良好な取引関係が構築されてきたと対象債権者により判断され得ること

② 経営者の経営責任の在り方
　　本項（2）イの場合においては、対象債権者は、中小企業の経営者の経営責任について、法的債務整理手続の考え方との整合性に留意しつつ、結果的に私的整理に至った事実のみをもって、一律かつ形式的に経営者の交代を求めないこととする。具体的には、以下のような点を総合的に勘案し、準則型私的整理手続申立て時の経営者が引き続き経営に携わることに一定の経済合理性が認められる場合には、これを許容することとする。
　イ）主たる債務者の窮境原因及び窮境原因に対する経営者の帰責性
　ロ）経営者及び後継予定者の経営資質、信頼性
　ハ）経営者の交代が主たる債務者の事業の再生計画等に与える影響
　ニ）準則型私的整理手続における対象債権者による金融支援の内容

　　なお、準則型私的整理手続申立て時の経営者が引き続き経営に携わる場合の経営責任については、上記帰責性等を踏まえた総合的な判断の中で、保証債務の全部又は一部の履行、役員報酬の減額、株主権の全部又は一部の放棄、代表者からの退任等により明確化を図ることとする。

③ 保証債務の履行基準（残存資産の範囲）
　　対象債権者は、保証債務の履行に当たり、保証人の手元に残すことのできる残存資産の範囲について、必要に応じ支援専門家とも連携しつつ、以下のような点を総合的に勘案して決定する。この際、保証人は、全ての対象債権者に対して、保証人の資力に関する情報を誠実に開示し、開示した情報の内容の正確性について表明保証を行うとともに、支援専門家は、対象債権者からの求めに応じて、当該表明保証の適正性についての確認を行い、対象債権者に報告することを前提とする。
　　なお、対象債権者は、保証債務の履行請求額の経済合理性について、主たる債務と保証債務を一体として判断する。

　イ）保証人の保証履行能力や保証債務の従前の履行状況
　ロ）主たる債務が不履行に至った経緯等に対する経営者たる保証人の帰責性

10

第1部 パネルディスカッション「事業承継の実務」

ハ）経営者たる保証人の経営資質、信頼性
ニ）経営者たる保証人が主たる債務者の事業再生、事業清算に着手した時期等が事業の再生計画等に与える影響
ホ）破産手続における自由財産（破産法第34条第3項及び第4項その他の法令により破産財団に属しないとされる財産をいう。以下同じ。）の考え方や、民事執行法に定める標準的な世帯の必要生計費の考え方との整合性

　上記ニ）に関連して、経営者たる保証人による早期の事業再生等の着手の決断について、主たる債務者の事業再生の実効性の向上等に資するものとして、対象債権者としても一定の経済合理性が認められる場合には、対象債権者は、破産手続における自由財産の考え方を踏まえつつ、経営者の安定した事業継続、事業清算後の新たな事業の開始等（以下「事業継続等」という。）のため、一定期間（当該期間の判断においては、雇用保険の給付期間の考え方等を参考とする。）の生計費（当該費用の判断においては、1月当たりの標準的な世帯の必要生計費として民事執行法施行令で定める額を参考とする。）に相当する額や華美でない自宅等（ただし、主たる債務者の債務整理が再生型手続の場合には、破産手続等の清算型手続に至らなかったことによる対象債権者の回収見込額の増加額、又は主たる債務者の債務整理が清算型手続の場合には、当該手続に早期に着手したことによる、保有資産等の劣化防止に伴う回収見込額の増加額、について合理的に見積もりが可能な場合は当該回収見込額の増加額を上限とする。）を、当該経営者たる保証人（早期の事業再生等の着手の決断に寄与した経営者以外の保証人がある場合にはそれを含む。）の残存資産に含めることを検討することとする。ただし、本項（2）ロ）の場合であって、主たる債務の整理手続の終結後に保証債務の整理を開始したときにおける残存資産の範囲の決定については、この限りでない。
　また、主たる債務者の債務整理が再生型手続の場合で、本社、工場等、主たる債務者が実質的に事業を継続する上で最低限必要な資産が保証人の所有資産である場合は、原則として保証人が主たる債務者である法人に対して当該資産を譲渡し、当該法人の資産とすることにより、保証債務の返済原資から除外することとする。また、保証人が当該会社から譲渡の対価を得る場合には、原則として当該対価を保証債務の返済原資とした上で、上記ニ）の考え方に即して残存資産の範囲を決定するものとする。

　なお、上記のような残存資産の範囲を決定するに際しては、以下のような点に留意することとする。

④ 事業承継・事業再生円滑化にむけた経営者保証ガイドラインの活用

　a）保証人における対応
　　保証人は、安定した事業継続等のために必要な一定期間の生計費に相当する額や華美でない自宅等について残存資産に含めることを希望する場合には、その必要性について、対象債権者に対して説明することとする。

　b）対象債権者における対応
　　対象債権者は、保証人から、a）の説明を受けた場合には、上記の考え方に即して、当該資産を残存資産に含めることについて、真摯かつ柔軟に検討することとする。

④　保証債務の弁済計画
　イ）保証債務の弁済計画案は、以下の事項を含む内容を記載することを原則とする。
　　a）保証債務のみを整理する場合には、主たる債務と保証債務の一体整理が困難な理由及び保証債務の整理を法的債務整理手続によらず、このガイドラインで整理する理由
　　b）財産の状況（財産の評定は、保証人の自己申告による財産を対象として、本項（3）③に即して算定される残存資産を除いた財産を処分するものとして行う。なお、財産の評定の基準時は、保証人がこのガイドラインに基づく保証債務の整理を対象債権者に申し出た時点（保証人等による一時停止等の要請が行われた場合にあっては、一時停止等の効力が発生した時点をいう。）とする。）
　　c）保証債務の弁済計画（原則5年以内）
　　d）資産の換価・処分の方針
　　e）対象債権者に対して要請する保証債務の減免、期限の猶予その他の権利変更の内容
　ロ）保証人が、対象債権者に対して保証債務の減免を要請する場合の弁済計画には、当該保証人が上記の財産の評定の基準時において保有する全ての資産（本項（3）③に即して算定される残存資産を除く。）を処分・換価して（処分・換価の代わりに、処分・換価対象資産の「公正な価額」に相当する額を弁済する場合を含む。）得られた金銭をもって、担保権者その他の優先権を有する債権者に対する優先弁済の後に、全ての対象債権者（ただし、債権額20万円以上（この金額は、その変更後に対象債権者となる全ての対象債権者の同意により変更することができる。）の債権者に限る。なお、弁済計画の履行に重大な影響を及ぼす恐れのある債権者については、対象債権者に含めることができるものとする。）に対して、それぞれの債権の額の割合に応じて弁済を行い、そ

の余の保証債務について免除を受ける内容を記載するものとする[8]。

また、本項（2）ロ）の場合においては、準則型私的整理手続を原則として利用することとするが、保証人が、上記の要件を満たす弁済計画を策定し、合理的理由に基づき、準則型私的整理手続を利用することなく、支援専門家等の第三者の斡旋による当事者間の協議等に基づき、全ての対象債権者との間で合意に至った場合には、かかる弁済計画に基づき、本項（3）⑤の手続に即して、対象金融機関が残存する保証債務の減免・免除を行うことを妨げない。

⑤ 保証債務の一部履行後に残存する保証債務の取扱い
以下の全ての要件を充足する場合には、対象債権者は、保証人からの保証債務の一部履行後に残存する保証債務の免除要請について誠実に対応する。

イ）保証人は、全ての対象債権者に対して、保証人の資力に関する情報を誠実に開示し、開示した情報の内容の正確性について表明保証を行うこととし、支援専門家は、対象債権者からの求めに応じて、当該表明保証の適正性についての確認を行い、対象債権者に報告すること
ロ）保証人が、自らの資力を証明するために必要な資料を提出すること
ハ）本項（2）の手続に基づき決定された主たる債務及び保証債務の弁済計画が、対象債権者にとっても経済合理性が認められるものであること
ニ）保証人が開示し、その内容の正確性について表明保証を行った資力の状況が事実と異なることが判明した場合（保証人の資産の隠匿を目的とした贈与等が判明した場合を含む。）には、免除した保証債務及び免除期間分の延滞利息も付した上で、追加弁済を行うことについて、保証人と対象債権者が合意し、書面での契約を締結すること

8．その他
（1）このガイドラインは、平成26年2月1日から適用することとする。
（2）このガイドラインに基づく保証契約の締結、保証債務の履行等を円滑に実施するため、主たる債務者、保証人、対象債権者及び行政機関等は、広く周知等が行われるよう所要の態勢整備に早急に取り組むとともに、ガイドラインの適用に先立ち、

---

[8]「公正な価額」に相当する額を弁済する場合等であって、当該弁済を原則5年以内の分割弁済とする計画もあり得る。

4 事業承継・事業再生円滑化にむけた経営者保証ガイドラインの活用

各々の準備が整い次第、このガイドラインに即した対応を開始することとする。
(3) このガイドラインは遡及的に適用されないため、保証人が本項(1)の適用日以前に保証債務の履行として弁済したものについては、保証人に返還できない。
(4) 主たる債務者及び保証人が、このガイドラインに即して策定した弁済計画を履行できない場合は、主たる債務者、保証人及び対象債権者は、弁済計画の変更等について誠実に協議を行い、適切な措置を講じるものとする。
(5) このガイドラインによる債務整理を行った保証人について、対象債権者は、当該保証人が債務整理を行った事実その他の債務整理に関連する情報(代位弁済に関する情報を含む。)を、信用情報登録機関に報告、登録しないこととする。

以　　上

第2部

中小企業の事業再生の今後

第 2 部　中小企業の事業再生の今後

個別報告 1
「中小企業版私的整理ガイドライン」の提言

中小企業再生支援全国本部顧問　**藤原敬三**

　本論考は、2018 年 5 月 26 日開催の事業再生研究機構シンポジウムにおける講演を整理したものであるが、本提言は私見であり、中小企業再生支援全国本部（以下、「全国本部」という。）としての意見ではないことをお断りする。

I　はじめに

　筆者は、2003 年の中小企業再生支援協議会（以下、「支援協」という。）発足時からこの仕事に携わっているが、それ以前の銀行在籍時に初期の私的整理ガイドライン（以下、ガイドラインを「GL」という。）を利用して取引先の上場企業を再生した経験があり、振り返ってみると、公表された私的整理手続とともに歩んできた 15 年間ということになる。2003 年の制度発足以降、東京都中小企業再生支援協議会の責任者として現場で多くの中小企業の再生を実践した後、2008 年に全国本部を立ち上げた時から、「中小企業再生の物差し作りとその普及」を 10 年間変わらぬテーマとして掲げ、今日まで中小企業の事業再生に取り組んできた。
　ところで、この「中小企業版私的整理 GL」という言葉は、2003 年に一度新聞に掲載されたことがあるが、その後大きな論議が行われることはなかった。理由として考えられるのは、まず、国の事業として「支援協」がスタートして間がなかったこと、2 つ目としては、当時「中小企業版私的整理 GL」の内容として「債務超過の解消年限は 5 年以内」と

個別報告1 「中小企業版私的整理ガイドライン」の提言

藤原敬三氏

いう項目があったが、私的整理GLにおけるこの基準が3年であるのに対して、中小企業だからという理由だけで5年が適切であるとするには、説得力に欠けていたためではないだろうか。

しかし、その後東京の支援協では、公表基準ではないものの、「債務超過解消5年以内」という統一基準での運用を続け、案件ごとに個別の国税照会も行っていた。そして、この基準により債権放棄を実施した企業の二次破綻がきわめて少ないという結果も出ており、「債務超過解消5年以内」という基準で問題がないことは、すでに実証されている。

一方で、この15年間で中小企業再生を側面からサポートする多くのインフラ、たとえば再生関連の税制改正だけでなく、「中小企業経営改善計画策定支援事業」や「経営者保証に関するGL」そして「事業引き継ぎ支援事業」などが整備されてきているが、それらはいまだ十分に普及し機能しているとはいいがたい。ついては、それらを有機的に結び付ける「活性剤」のようなものとして、「中小企業版私的整理GL」の創設を提言するものである。

なお、筆者は法律の専門家ではなく、あくまで多くの中小企業の再生を実現してきた実務家であることから、本提言は実務家という立場からその必要性を訴えるものであり、具体的な制度の整備については今後、専門家の皆さま方にご議論いただきたいと願うものである。

第2部　中小企業の事業再生の今後

Ⅱ　私的整理ガイドラインの潮流

　中小企業版私的整理GLを検討するにあたり、まず本家である「私的整理GL」誕生の歴史から振り返ることにする。

　　2001年　9月　私的整理GL成立公表
　　2002年10月　私的整理GL成立後1年の運用を踏まえた「検討結
　　　　　　　　果」公表　　　　　　　……【資料2-1】（172頁）
　　2003年　2月　中小企業再生支援協議会発足
　　　　　　4月　産業再生機構（IRCJ）設立
　　2005年11月　私的整理GL研究会、「実務WG検討結果報告」公表
　　　　　　　　　　　　　　　　　　　　　……【資料2-2】（185頁）
　　2007年　3月　産業再生機構解散
　　2008年　6月　支援協の本部として中小企業再生支援全国本部発足
　　2008年11月　事業再生実務家協会「事業再生ADR認証認定第一
　　　　　　　　号」取得
　　2009年　4月　支援協の手続として「中小企業再生支援協議会事業
　　　　　　　　実施基本要領」（以下、「支援協基本要領」という。）公
　　　　　　　　表
　　2009年10月　企業再生支援機構（ETIC）設立
　　　　　　　　（2013年3月地域経済活性化支援機構（REVIC）に変更）

　この年表で注目したいのは、2002年の私的整理GL運用開始後1年での「検討結果」の公表である。詳細は【資料2-1】をご覧いただきたいが、この中で中小企業再生の核心に触れるさまざまな項目についての検討結果が整理されている。中小企業への適用については、「中小企業も利用は可能である」、「再建計画案の内容に関して、中小企業だからといって一般的に要件を緩和するのは相当ではない、という意見が大勢を占めた」と報告されている。GLは一度成立公表すると、なかなか見直

個別報告1　「中小企業版私的整理ガイドライン」の提言

しは難しいといわれるが、私的整理は経済環境の変化に対してある程度柔軟でなければならず、このように検討を加え公表したところは、今後とも見習うべき点ではないだろうか。

　また、2005年には4年間の運用結果を踏まえた評価とQ&Aの修正が行われているが、その詳細は【資料2-2】をご覧いただきたい。

　さて支援協は、2003年に全国47都道府県に設置されたが、当初は定められた基準もなくそれぞれ独自に運営されていたことから、全国をカバーする金融機関において各種混乱を招き、全国統一の手続の制定と運用を求める声が出ていた。これを受け、2008年に全国本部が設置され、翌年には全国統一の手続である「支援協基本要領」が制定公表された。その後、数度の改定が行われているが、近々再び改定が行われ公表される予定である[注1]。

　この年表以外に整理回収機構（RCC）も公表された私的整理手続であるが、それらを含めて多くの制度や政策に、「私的整理GL」で示された「私的整理」のあり方・考え方が、今も「私的整理のバイブル」として脈々と受け継がれている。

1　私的整理ガイドライン成立の背景

　私的整理GL成立の背景をひとことで述べると、バブル崩壊に伴う金融機関の不良債権問題と企業の過剰債務問題の一体的解決が急務となり、金融界・産業界・行政が一体となって、私的整理の基準や再建計画の要件等を定めるGLが策定されたということになろう。その1年前には、和議法が廃止となり民事再生法が成立するなど、企業を再生させるという考え方や気運が高まる中、法的手続を利用する前に、少しでも早い段階で私的に再生させることの重要性から、「私的整理GL研究会」が立ち上げられた。

（注1）　2018年7月13日中小企業庁より公表。

この私的整理GLは、英国の制度であった「ロンドン・アプローチ」と2000年10月に倒産実務家協会（INSOL）が整理した「インソル8原則」に範をとったものとされるが[注2]、中小企業再生の実務家である筆者からすると、法的整理手続を意識して作られているためか、私的整理手続としてはやや厳格すぎるのではないかと感じられる部分もある。しかし、時代背景からすると、だからこそ信頼を得て受け入れられたのであろうと納得している。

2　「私的整理ガイドライン」における中小企業の位置づけ

　このような時代背景のもと策定された私的整理GLは、主要行等がメインバンクであるような大企業で利用されることが多く、地域金融機関をメインバンクとする地域中小企業で利用されることは少なかった。何しろ、中小企業における取引金融機関は、メガバンク、地銀、信金、信組とその業態は実にさまざまであり、私的整理GLだからといって簡単に債権放棄を伴う再生計画が受け入れられるような時代ではなかったのである。

　とはいえ、成立の1年後の「検討結果」公表の中で、中小企業でも利用可能であるとされたこと、さらには、4年後の見直しに向けた検討会において示された中小企業に関する考え方が、その後の支援協制度にも反映されている。

（注2）　髙木新二郎『事業再生』（岩波新書、2006）244頁。

個別報告1　「中小企業版私的整理ガイドライン」の提言

3　支援協手続を通しての私的整理手続に関する分析

(1)　支援協利用企業の生存確率等

さて、2003年にスタートした支援協を利用した企業のその後は一体どうなっているのだろうか。昨年（2017年）9月に東京商工会議所および東京支援協から「再生支援企業の10年後の追跡調査結果」として、東京支援協が平成15年から18年に再生計画の策定支援を完了した企業の追跡調査の結果が公表されている。[注3]

この資料によると、平成15年度から18年度（筆者が統括責任者を務めていた時期）の4年間に69社の再生支援が完了しており、その約7割が10年後でも順調な経営状態を維持している。また、69社の内債権放棄を受けた企業は29社に上るが、その8割が債務超過を解消、順調な経営を確保しており、二次破綻に至った企業は1社もない。そして注目すべきは、リスケジュール（以下、「リスケ」という。）による支援しか行っていない企業が40社に上るが、その6割が順調な経営状態となっていることである。

では、なぜリスケでもこれだけ多くの企業が再生できたのであろうか。なぜ二次破綻しないのだろうか。なぜ債権放棄案件の8割がM&Aではなく、自力再生型でも元気に再生できているのであろうか。それらの理由について、筆者は次のように考えている。

再生とは、「事業の再生」と「債務の整理」であると考えるが、支援協では「事業の再生」が前置であり、その上で、必要な範囲において「債務の整理」をするという考え方を基本としている。というのは、そもそも支援協は、「企業の駆込み寺」という側面を持った国の中小企業支援制度である。そして、企業経営者から受ける相談は、「金融機関の

(注3)　【資料2-3】「再生支援企業の10年後の追跡調査結果」（197頁）参照。

協力を得て、今までどおり事業を継続したい」という相談内容なのであり、決して債権放棄を希望して相談に来るのではない。いや逆に、「何年かかっても全額返したい」と言われるケースがほとんどなのである（これは、「他人に迷惑をかけたくない」、「村八分になる」という日本の文化なのかもしれない）。

　だからこそ、「事業の再生」が優先なのであり、その努力を金融機関に伝え金融面の支援を取り付けるのが支援協の役目なのである。このような理由から、全国の支援協案件の8割がリスケという金融支援になっているのである。

　なお、リスケとは返済条件の変更であり、モラトリアムとは異なる。毎月の返済額を無理のない金額に変更するという返済条件の変更であり、はっきりいえば、当初の金融機関の貸出条件に無理があったものが大半である。たとえば、年間利益が100万円程度の企業に、年間300万円の返済条件で貸し出しているというものも多く、当初から資金繰りが回らないことを承知の上で、一定期間後の折り返し運転資金の貸出しを見込んでいるのである。これは、金融機関としては安全性を考慮し、与信管理上、ある意味自然であり、決して問題のある貸し方なのではない。このような企業の再生においては、企業の実力に合った毎月の返済額に条件変更する。これが、支援協のリスケによる再生支援の基本なのであり、これにより経営者は、資金繰りに頭を悩ませ、資金繰りに奔走する日々から解放され、事業改善に集中できることになり、結果として事業再生が成功する、という図式なのである。

　では、支援協ではどの程度「事業の再生」に力点を置いているのか。各地の支援協の現場での業務を数値化することは困難ではあるが、あくまで筆者の現場感覚として述べると、リスケの場合には「事業の再生」：「債務の整理」＝9：1のウェイトで支援作業をしてきた。また、債権放棄案件の場合でも、同7：3くらいであろうか。

　さて、民事再生ではどうなのだろうか。

　まず、民事再生でリスケというのは、聞いたことがない。少なくとも

|個別報告1| 「中小企業版私的整理ガイドライン」の提言

中小企業では、資金繰り破綻が確実という状況になってから申し立てられるケースが大半であり、事業計画の策定に時間をかける余裕などないのではないか。具体的な比率を述べることは、あまりにも誤解を招きかねないため避けるが、少なくとも多くの金融機関からは、メインでなければ再生（事業）計画の中身を議論することはほとんどない、との声をきく。

　次に、債権放棄案件がなぜ二次破綻していないのだろうか。
　その理由として考えられるのは、支援協に限らず私的整理による場合、金融機関は二次破綻させないという覚悟で支援同意していることである。変ないい方だが、メインバンクとしては、受け身ではなく自らの意思で主体的に債権放棄をする以上、絶対に二次破綻させてはいけないという覚悟があることから、その後のモニタリングも含めて、しっかりと面倒をみるという傾向がある。加えて、当時の東京支援協では、経営者が主体的に事業計画の作成に関与しているため、作成した事業計画の内容を納得し、計画を達成するという自信と覚悟を持っていたということであろう。これは、10年後の経営者へのヒアリングでわかったことでもある。

　最後に、自力再生型でも元気に再生できている理由であるが、確信はないものの、筆者の個人的感覚として述べさせていただきたい。
　経営者が、デューデリジェンスにより自己分析し、自ら今後の事業計画を作るという過程で、経営者の意識改革が図られることが多い。これが、うまく再生できている要因ではないだろうか。「事業」は「経営者」がするものであり、決して「金融機関」ではない。オーナー家の名前は、地方では事業をする上で大きな優位性があるため、もし、オーナーの意識改革ができるとすれば、県外資本によるM&Aよりも優れた再生ができるのではないだろうか。ここまで考えるのはやや偏っているのかもしれないが、東京一極集中、地域活性化といった難問解決を考えるにあ

第 2 部　中小企業の事業再生の今後

たり、このような日本的というか日本文化や歴史まで踏み込んで考えてみることも必要ではないかとも感じている。

　なお、先日、全国本部のホームページにて、東京支援協と同様に全国支援協の支援企業の追跡調査結果が公表されている。内容を簡単に紹介すると、東京の調査結果に比べやや見劣りはするものの、全体としては比較的いい結果となっている。たとえば、完了案件の50％以上が再生を果たし健全な経営状態となっており、また、債権放棄案件の二次破綻率は10％程度となっている。詳細は、全国本部のホームページを参照されたい。

　余談であるが、ある新聞記事で、「支援協の債権放棄案件は、民事再生を利用した場合に比べ3倍再生している」と書かれていたが、これは誤解を招く表現であり、正しくご説明させていただきたい。

　結論からすると、「簡単には比較できない」というのが正しい。それは、再生スキームとして第二会社方式を利用した場合、事業は新会社に承継し旧会社は清算してしまうが、これを「再生した」と捉えるのか「消滅した」と捉えるのかによって、まったく異なる。ちなみに支援協では、抜本再生の9割は第二会社方式によることから当初の企業（旧会社）の90％は特別清算により消滅しているが、これを「再生した」と捉えて公表している。これに対し、民事再生に関する民間調査機関による調査結果の数字は、支援協とは異なる基準による調査結果であると考えられる。

(2)　私的整理手続をさらに整備する必要性

　バブル崩壊後の金融機関における不良債権処理と企業側の不動産や株式等の本業以外への投資による過剰債務処理を同時に進めるタイプの「再生」は、少なくとも10年以上前の話であり、現在は構造不況型の企業、すなわち本業部門の営業利益の大幅改善を必要とするタイプの「再生」が多い。加えて、金融機関が置かれている状況も様変わりしており、

[個別報告1] 「中小企業版私的整理ガイドライン」の提言

　マイナス金利政策の下、貸出金の利ざやが大幅に縮小し、金融機関として本業部門の収益構造が危機に瀕している状況下、よほどの体力がないかぎり、大きな損失が発生する債権放棄を伴う取引先企業の再生には消極的にならざるをえない。

　ゆっくりと時間をかけ金融機関だけで再生に取り組む「私的再生」であればまだいいが、民事再生となると、連鎖倒産による取引先の減少、地域経済の悪化にまでつながりかねない。連鎖倒産が防止できるような民事再生、具体的には商取引債権を巻き込まずに、金融債権者のみで債務整理が可能となるような新たな法的整理手続ができれば利用されるのであろうが、そのような法的整理手続の創設を期待する一方で、その時が来るまでは私的整理をさらに充実して対処すべきと考える。もちろん、急激な経済環境の変化、具体的には金利の上昇局面に入れば、今度は金融機関の破綻を心配するような事態になるのかもしれない。

　そのような金融環境となった場合には法的整理が主に利用されるのであろうが、たとえ法的整理を利用するとしても、肝心の事業での収益構造がしっかりしていなければ再生はできない。つまり、再生するためには、債務整理の前に「安定した事業の黒字化」に向けての見通しを確実なものとしておく必要がある。

　支援協では、「協議会版暫定リスケ」と称して、これを実施している。3年間という限られた時間を有効に使うべく、「中小企業の経営者には意識改革を、金融機関には引当ての準備を」というのが「協議会版暫定リスケ」の基本理念であるが、この考え方は支援協にかぎらず債権放棄を伴う抜本的な再生に取り組む際の王道であり、「中小企業における事業再生の基本」であるというコンセンサスを醸成することが肝要と考える。

　実務において、このような考え方を実行に移すにあたり最も重要かつ困難であるとされているのが、「経営者の意識改革」である。この役割は、本来、地域金融機関が担うべきとの意見もあるが、なかなか困難な

ケースが多いというのが現実である。また、弁護士、税理士に期待する声もあるが、それも難しいようである。

　このような状況下、支援協にこの役割を求めるという現象が起きていると感じる。しかし、それは誤った方向性ではないか。もちろん、支援協で個別企業の再生に取り組むにあたって、その役割を担うことには違和感はないが、全国にわずか300人程度の常駐専門家しかいない支援協に、これらの役割を期待するのは、明らかに無理がある。

　支援協では、健康診断から外科手術までと謳い、「早期経営改善計画」、「経営改善計画」、「支援協による再生計画」という流れを一体的に推進すべく努力はしているものの、しょせん「竹やり」でしかない。何とかしなければならない企業はごまんとある。いや50万社、100万社存在している。

　「支援協」は、本来「私的整理GL」や「産業再生機構」と同様の役割を担っているのではないかと考える。すなわち、モデルを提示し、いくつかの実例を示すところまでが役割であり、またそれが本来の国の事業の姿ではないだろうか。後は民間で、より質を高めて広く展開していくという方向感でいくべきではないだろうか。ただ、支援協がなくなるべきといっているのではない。常に、経済環境の変化に柔軟に対応し、事例の整理・公表、研究開発、人材育成、普及等々の役割を担うのは国の機関が適切であろう。

　このように、中小企業に関する私的整理といえば「支援協」、という近時の構図を見直す必要性が出てきているのではないだろうか。支援協に限らず民間に展開するためにも、中小企業版私的整理GLを整備する必要があると考える。

　また、新たな私的整理手続を作成するにあたっては、ぜひ、私的整理が不成立に終わった場合でも、極端に言えば、同じ計画をもって法的整理に移行でき、かつ実質そのまま成立することが可能となるようなルール作りも意識してもらいたい。

現在、支援協では私的整理が不成立となった場合には、支援協を利用する前の状態に戻り、法的整理の利用も含めて改めて企業が検討する、という考え方をとっており、法的手続に移行することも念頭に置いた進め方はしていない。通常は、支援協手続の中で行われたさまざまな行為については、全取引行が同意する中で行われることから問題は生じていないが、法的整理に移行した場合には、支援協手続中に行われた商取引債権者や金融機関への弁済等に関して、偏頗行為等の指摘をされる可能性も否定できない。

少し乱暴な意見かもしれないが、商取引債権者を巻き込まない金融機関のみによる民事再生が可能となれば、私的整理と法的整理の距離は大幅に縮まる。加えて、私的整理における多数決を検討する上では、私的整理手続から法的整理手続への連続性の問題は、避けては通れない重要なテーマではないだろうか。

4　事業再生関連ガイドラインの整備状況

(1)　私的整理ガイドラインと中小企業

さて、ここで現時点における中小企業の事業再生に関係する3つのGLについて、簡単に要点を整理してみる。

まずは、私的整理GLであるが、これができた2003年当時は、メガバンクでは不良債権比率の圧縮が急務であったことから、手間ひまがかかる私的再生は大企業が主な対象であり、中小企業の不良債権はバルク等を中心とする債権売却による処理が中心であった。しかし、その後、金融庁から求められていた不良債権比率の半減目標の達成メドが立った2005年頃には、メガバンクにおいても、中小企業にも少しエネルギーをかけた私的整理による不良債権処理に向かう余裕が生じていた。また一方、地域金融機関に対しては、金融庁から「リレバン」という方針が示され、緩やかな不良債権比率の圧縮が求められていたという経済環境、

第2部　中小企業の事業再生の今後

金融環境にあったことを確認しておきたい。

　大きくみれば、この時期に中小企業の私的再生についての本格的な検討がスタートしたといえよう。ちなみに、この頃は足利銀行が国有化された時期とも重なるし、支援協も全国本部構想に向けて検討が始まろうとしていた時期でもある。

　このような中、2005年の「実務WG検討結果報告」を受け、私的整理GLのQ&Aにおいて「中小企業」も排除されない旨明記されたが、同報告3.(1)では、「今後も中小企業へのガイドラインの適用を否定するわけではなく、検証するための指針として活用されるだろうし、実際に活用するケースもあるだろうが、モラルハザードの観点から、ガイドラインのハードル（3年以内の実質債務超過解消および3年以内の黒字転換などの再建計画内容の基準）は下げるべきではないが、中小企業においては合理的な理由があれば、柔軟な活用もありうるというのが実務WGメンバーの総意であった」（【資料2-2】185頁）と述べられ、中小企業については、私的整理GLを指針とした柔軟な活用が想定された。

　その後、2009年に、私的整理GLを参考に中小企業を対象として策定されたものが「支援協基本要領」であり、その中で再生計画の内容として「3〜5年以内の実質債務超過解消」(注4)等の新たな数値基準が定められた。なお、この時点では、すでに東京支援協において、この基準により多くの中小企業の債権放棄を実現しており、二次破綻もしていなかったという自信もあったことから、全国の支援協の共通の数値基準として明文化したのである。なお、蛇足ではあるが、前述のとおり東京支援協において5年以内という数値基準により債権放棄をした企業は、10年後も1社も破綻していない。

(注4)　2012年5月の改訂において、「3〜5年以内」が「5年以内」と数値基準が変更されている。

(2) 個人版私的整理ガイドラインと中小企業

　大規模震災等有事の際の個人債務者が対象であり、個人事業主も対象となっており、この中で、個人破産の回避や信用情報登録機関への報告・登録の免除等が規定された。この GL は、東日本大震災の被災者である個人の二重ローン問題対策として、私的整理 GL のときと同様に研究会を立ち上げ、「個人版私的整理 GL」が成立・公表されている。

　この GL は、震災という非常事態を受けて急きょ策定されたという印象が強く、一見通常の中小企業再生とは関係がないように思われるが、内容が個人の債務整理の GL であることから、保証債務の整理である「経営者保証 GL」に大きな影響を与えたことはまちがいない。

(3) 経営者保証ガイドラインと中小企業

　2013 年 12 月に成立公表された GL であるが、ここに記された「目的」の中に「……主たる債務者、保証人及び対象債権者の継続的かつ良好な信頼関係の構築・強化とともに、中小企業のライフステージ（創業、成長、発展、早期の事業再生や事業清算への着手、円滑な事業承継、新たな事業の開始等をいう。）における中小企業の取組意欲の増進を図り……日本経済の活性化に資することを目的とする。」とあり、中小企業のすべてのライフステージと大きく関わる GL である。

　規定の内容は、平時における保証契約（「入口」）と、有事における保証債務整理（「出口」）に分けられており、さらに「出口」は、中小・小規模企業の主債務の整理と一体で行う「一体型」と、主債務の整理と分けて行う「単独型」に分けられている。

　極論すれば、「正確な決算」と「誠実な対応」をしている企業で、業績に問題がなければ、「経営者の個人保証なし」での融資が受けられる、というのが「入口」であり、「出口」は「正確な決算」と「誠実な対応」をしていれば、万が一、事業が行き詰まり再生局面や清算局面に至った場合でも、保証人個人は破産を免れるだけでなく、一定の生計費や華美

第 2 部　中小企業の事業再生の今後

でなければ自宅も残すことが許される、というものである。

　かなり乱暴な整理ではあるが、おおよそこのようなルールが紳士協定として合意成立したものが「経営者保証 GL」である。

　ただし、ここでキーワードともいえる「正確な決算」と「誠実な対応」とは具体的に何かという点に関しては、残念ながら規定されていない。

5　「中小企業版私的整理ガイドライン」の提言

　ここまで、私的整理 GL 成立時の時代背景、支援協による中小企業再生への取組み実績、そして現在の中小企業の事業再生を取り巻く各種 GL について整理してきた。

　これらを踏まえて、「中小企業版私的整理 GL」を提言したい。

(1)　新ガイドラインの必要性

　私的整理に関して整備されてきた前述の 3 つの GL の関係を図式化すると【資料 2-4】となり、空白地帯が残されていることが浮き彫りとなる。また、中小企業・小規模事業者の保証債務の整理に関する経営者保証 GL がありながら、その保証債務の発生原因となる主債務の整理に関する GL が整備されていないという不安定な状況であることも明らかである。また、近時の経済環境では、金融機関は中小企業の経営改善をサポートする余力は今後いっそうなくなっていくことが懸念されることから、中小企業経営者は自らのことは自らで守らざるをえない時代となっていくことを認識する必要があると考える。

　ついては、健康診断も含めて、企業自らが実施しなければならない具体的な取組みを示し、それに沿って経営する中小企業は「誠実な対応」をしている企業として、金融機関からの支援が受けられる（たとえば、経営者保証 GL 利用適格者とみなすなど）が約束されることが望まれる。なお、これは中小企業基本法の「やる気と能力のある中小企業を支

【資料2-4】

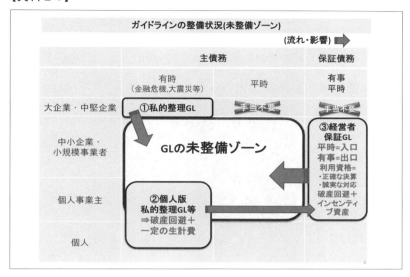

【資料2-5】

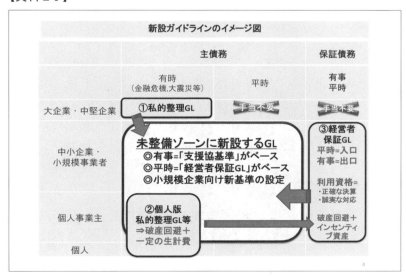

援する」という基本理念にも合致するところである。

　ついては、中小企業が活力を維持するために、平時から実施すべき事項として企業側も約束し、金融機関もそれを「誠実な対応」として認める、という紳士協定が必要と考える。

(2) 新ガイドラインに求めるもの

　私的整理関連の既存のGLを活性化させる触媒となり、構造不況型の企業や過剰債務状態の中小企業を、法的・私的を含めて可能なかぎり早期の事業再生に誘導することを目的としてもらいたい。

　とりわけ、個人の自己破産は回避したいという、いわゆる「恥の文化」が日本の中小企業の早期再生を阻害しているとして「経営者保証GL」が誕生したが、ここに示された「正確な決算」、「誠実な対応」とは具体的にどのようなものか、また現状が「誠実」とはいえない状態の企業はどうすれば救われるのか、あるいはもはや救われないのかといったことが、新GLにより明確に示されることにより、経営者保証GLに息が吹き込まれ、日本経済全体の活性化が実現するものと期待する。つまり、新GLには、経営者保証GLと一体となって、体質改善が必要な多くの企業を「早期事業再生」に誘導するという効果を期待する。

　具体的には、中小企業の事業活動における企業と金融機関双方のあり方について、有事・平時を含めた指針を定めることにより、新GLに沿って「誠実な対応」をしていれば、有事すなわち経営破綻に至った場合でも、経営者個人までが自己破産に至るような不幸な事態は回避できることが約束され、経営者が後ろ向きな心配をせずに前向きに経営に取り組めること、そして残念ながら後を絶たない悪質な粉飾の撲滅にも多大な効果が期待できる。

(3) 新ガイドラインの基本的方向（私案）

　新GLに落とし込む具体的内容は今後の検討課題となるが、軸となる2つの考え方について述べたい。

個別報告1　「中小企業版私的整理ガイドライン」の提言

　まず1点目は、経営者保証GLの流れを受け、有事の際だけではなく、平時における対応、具体的には経営者保証GLと同様に「事業者側の誠実な対応」と「金融機関側の誠実な（真摯な）対応」について規定することである。そして、有事の際の対応については、支援協手続がすでに相当程度浸透していることに加え相応の成果が確認できていることを踏まえ、「支援協基本要領」をベースとしてはどうだろうか。ただし、小規模事業者については修正(注5)が必要と考える。また、平時における対応については、経営者保証GLが規定する「正確な決算」、「誠実な対応」と平仄をあわせ、中小企業（小規模事業者を含む）が最低限遵守すべきと考えられる現実的な水準(注6)を設定し、同時に金融機関側の真摯な対応に関しても規定してもらいたい。

　2点目は、経営者保証GLと同様に、新GLで基本となる考え方や基準等を定め、詳細な手続等の規定は各準則型私的整理手続に委ねるという考え方である。また、経営者保証GLと同様に、主たる債務者と対象

(注5)　300万社ともいわれる小規模事業者については、支援協では排除していないものの、中小企業と同等の基準がはたして妥当であるかは疑問である。
　　　小規模事業者の多くが、決算上は赤字ではあるものの自力でキャッシュフローを確保しているという現実を踏まえ、生産性は低いのかもしれないが、税金や社会保険料等の滞納もなく、健全な商取引を維持し、従業員給与も遅滞なく支払っているような小規模事業者を、健全な小規模事業者と判定する基準を策定し、広く共有してはどうか。そうすることにより、円滑な事業承継も行われ、地方からの人口流出のブレーキとなる効果も期待できるのではないか。
(注6)　「正確な決算」といえば、きびしく要求すると「中小会計要領」に従った決算と顧問税理士による税務申告書への書面添付ということになろうが、そこまで対応できる中小企業は全体の1～2割程度ではないだろうか。このような現実を踏まえ、「正確な決算」と「誠実な対応」をセットで考え、「税務申告書の写しに顧問税理士による確認（税務署に提出したものと同様である旨の確認とすべての金融機関の預金残高および借入金残高の証明）があり、月次とはいわないまでも少なくとも決算時には、事業の状況や後継者問題等を含む必要な経営課題に関しての説明・報告を行う」ことを、最低限遵守すべき水準としてはどうか。
　　　この考え方には、金融機関側、税理士側の双方から異論があると思うが、現実的には相当程度の効果が期待できる基準であると考えており、今後、大いに議論を重ねていただきたいところである。

債権者が相対で行う広義の私的整理（純粋な私的整理）による場合も対象とすることにより、広く活用されることを期待したい。

6　まとめ

　早期再生が必要な企業は、景気の好不況にかかわらず常に多数存在する。それらすべての事業者の事業再生を支援協のような公的支援機関が担うことは不可能であり、GL を示すことにより民間で早期再生が実現していく仕組みが構築されるべきと考える。

　人間の病気治療では当たり前となっている「予防」について、ようやく中小企業再生において、国の政策として取り組まれ始めている。これで、ひととおりの中小企業の病気治療である「中小企業再生」に関する全体像ができあがったのではないだろうか。その全体像をまとめて示すものが、この新 GL である。あとは、個々の企業や個々の状況に応じて、官と民が役割分担すると同時に、法的整理手続の前手続としても機能していくものと考える。つまり、人間の病気治療と同様に、国立病院と私立病院が共存する姿こそが健全なのではないだろうか。

Ⅲ　最後に

　蛇足ではあるが、最後に 1 点付け加えさせていただきたい。

　小規模事業者に対する新基準の制定であるが、これはぜひとも導入すべき基準であり、世の中のコンセンサスが得られることを願うところである。日本型経営は非効率であるとか、日本企業の生産性の低さに注目しゾンビ企業を淘汰すべきとの声があるが、そもそも「ゾンビ企業」の定義すらない中でのこうした声には、違和感を覚える人が多いのではないだろうか。少なくとも、欧米に比べ、いや日本の同業他社と比べて、生産性は低いかもしれないが自力でキャッシュフローを回し、安定経営を続けている企業は立派な企業である、と評価する基準が必要なのでは

個別報告1　「中小企業版私的整理ガイドライン」の提言

ないだろうか。
　「ジャパン・アズ・ナンバーワン」と「終身雇用」、「年功序列」に象徴された「日本型経営」がすべて否定されている昨今、欧米に見習うべき点は見習うべきであるが、日本の文化や歴史を無視して、地方創生など実現できるのだろうか。そもそも、効率性の追求とは非効率の排除であり、弱者の淘汰であるが、市場経済にすべてを委ねるのではない新たな視点からの地域経済の再生にチャレンジしてもよいのではないだろうか。少なくとも、それは「ゾンビの延命」ではない、と確認したいものである。

　なお、本提言および意見はすべて藤原個人の見解に基づくものであり、全国本部の意見ではないことを改めてお断りする。

第 2 部　中小企業の事業再生の今後

【資料 2-1】

２００２年１０月２９日

「私的整理に関するガイドライン」運用に関する検討結果

私的整理に関するガイドライン実務研究会

　「私的整理に関するガイドライン」（以下「ガイドライン」という）が採択され適用が開始されてから1年間が経過し、これまでに6件の私的整理がガイドラインを利用して実施された。金融機関に対しては債権放棄などの負担を求められるが、一般商取引債権者に対する影響が少ないことが知られるに及んで、ガイドラインによる私的整理の開始によって、債務者企業の事業価値毀損のおそれが少ないなどのメリットがあることが実証された。

　不良債権処理を加速させる中で、活力を失って回復の見込みが乏しい企業は整理淘汰し、市場活性化の障碍を取り除かなければならない一方で、過剰債務負担のために現に窮境にはあるものの、事業価値があるために、その負担を軽減すれば再生可能な事業は、その財務と事業の再構築を急ぎ日本経済の蘇生に役立てる必要がある。そのためのルールが「私的整理に関するガイドライン」に他ならない。

　しかしながら1年間が経過し、手続中のものを含め6件のガイドラインによる私的整理が実施されたにとどまったことから、ガイドラインが十分に活用されたとは言えないとの批判がある。

　そこでガイドラインの一層の活用を促進させるべく、その作成にあたった「私的整理に関するガイドライン研究会」（以下「研究会」という）の有識者委員の有志、私的整理実務家、金融機関担当者等を構成員（末尾記載のとおり）とする「私的整理に関するガイドライン実務研究会」（以下「実務研究会」という）を発足させ、1年間の実績を踏まえて運用実務の問題点について、２００２年９月１７日、同月２５日、同年１０月２９日の3回（他に1回のワーキング・グループの会合）にわたり研究会を開催して、検討した結果は次のとおりであった。大方の意見を集約したものであるが、今後の実務において参考にされることを期待する。

1

出典：全国銀行協会ウェブサイト https://www.zenginkyo.or.jp/news/detail/nid/2801/。

個別報告１　「中小企業版私的整理ガイドライン」の提言

第１　再建計画案の内容

　ガイドライン適用の特徴は、透明性の高い手続の中で、原則として選任された中立の専門家アドバイザーによって、調査報告書が作成・提出され、再建計画の内容について高い客観性・公正性が付与されることにある。この点を踏まえていれば、再建計画案の中の要件についても、合理的な例外を排除するものではないことを確認する。

１　３年以内の実質債務超過解消

　ガイドライン第７項（２）は、再建計画案の内容は、債務者会社が「実質的に債務超過であるときは、再建計画成立後に最初に到来する事業年度開始の日から３年以内を目処に実質的な債務超過を解消することを内容とする。」ものでなければならないと定める。これは原則を定めるものであって合理的な例外を排除しない。このことは３年以内を「目処に」と定めていることからも導かれる。造船業の実例では債務超過解消に５年を要する計画であるが、受注から完成まで２年以上を要する事業の特質からやむを得ないものであり、合理的な例外といえる。しかし徒に整理淘汰すべき事業の延命を図るべきではないから、債務超過解消期間を３年とする原則は維持すべきであるし、例外による期間延長にも一定の合理性が必要となることは言うまでもない。なおこれまでの実例の６件中３件の再建計画は、私的整理成立日が属する会計年度末までには債務超過を解消させる内容であった。堅実な再建のためには３年「以内」の早期に債務超過解消を図るのが望ましい。

　上場企業の破綻が相次ぐ中で、投資家の証券取引市場に対する信用を維持するために、東京証券取引所は、２００２年８月２０日、「株券上場廃止基準」及び「上場株券の市場第１部銘柄から市場第２部銘柄への指定替え基準」を改正し、同年１０月１日から施行した。この新しい基準によれば、最近１年間に終了する連結会計年度（平成１４年１０月１日以後に開始する年度）の末日において債務超過の状態にある場合、翌連結会計年度の末日においても債務超過の状態であるときは上場廃止とするものとされ、市場第１部銘柄の上場会社が、最近１年間に終了する連結会計年度（平成１４年１０月１日以後に開始する年度）の末日において債務超過の状態にあるときは、当該銘柄は市場第２部銘柄へ指定替えを行うとされた。債務超過１回で１部から２部へ移動、債務超過２回で上場廃止とされた。しかし債務超過となった場合にも、ガイドラインに基づく私的整理により成立した再建計画により、債務超過となった翌々年度の末日までに債務超過の解消が見込ま

2

れる銘柄については、それまで上場廃止は猶予され、また同じく再建計画により翌年度の末日までに債務超過が解消される銘柄については、それまで1部から2部への移動も猶予される。つまり債務超過となることが見込まれる場合には、速やかにガイドラインに基づく私的整理を開始し、早期に債務超過を解消できる再建計画を成立させれば、そうしなかった場合に比べて、上場廃止と2部への移動は、それぞれ1年間猶予されることになったのである。つまり通常の場合は債務超過が2年続いた場合に上場廃止、1回でも債務超過となった場合には直ちに2部へ移動となるが、ガイドラインによる私的整理を行った場合には、それぞれ3年後と翌年と1年の執行猶予が認められる。上場会社にとって証券取引市場の1部上場を維持し、更には上場を維持することが極めて重要であることは言うまでもないが、債務超過に陥ることが想定されるに至ったときは、早期にガイドラインによる私的整理を開始し、その結果成立した再建計画により債務超過となった翌々年度末日までに債務超過を解消させることができれば、上場廃止を免れることができるし、翌年度末日までに債務超過を解消できたときには2部落ちも免れることが可能である。ガイドラインに基づく私的整理によって挽回できるチャンスが与えられた。

2　3年以内の経常利益黒字化

　ガイドライン第7項（3）は、再建計画案の内容は、債務者会社が「経常利益が赤字であるときは、再建計画成立後に最初に到来する事業年度開始の日から3年以内を目処に黒字に転換することを内容とする。」ものでなければならないと定める。これも原則を定めるものであるから合理的な例外を排除しない。しかしガイドライン第3項（2）は、対象債務者企業の適格として「事業価値があり重要な事業部門で営業利益を計上しているなど債権者の支援により再建の可能性があること」と定めている。したがってその性質上から、期間延長を認めなければならない例外的、合理的な理由があると認められる事例は、実質的債務超過解消の期間延長を認める場合に比してより少ないであろう。これまでの再建計画の実例はいずれも、私的整理成立の日の属する会計年度の次の年度末までには経常利益が黒字になるものとしている。

3　株主責任

　ガイドライン第7項（4）は、「対象債権者の債権放棄を受けるときは、支配株主の権利を消滅させることはもとより、減増資により既存株主の割合的地位を減少又は消滅させることを原則とする。」と定める。「『私的整理に

3

関するガイドライン』Q&A」(以下「Q&A」という)のQ&A４０に記載されているように「・・・安易な債権放棄を招かないようにモラルハザード対策を講じるべきであり、債権者・債務者間のみならず、社会的にも納得できるような形で・・・株主責任をとることが正義に適うと考えられ」ることから定められた。これまた原則を定めるものであって合理的な例外を排除するものではないが、これまでは例外的取扱をしなければならないものはなく、いずれも減増資により既存株主の割合的地位を減少させた。しかし増資により割合的地位が減少することになるから常に減資をしなければならないものではない。またQ&A６に記載されているとおり、「支配株主」は「・・・実質的にその債務者の意思決定をコントロールしているオーナー」などであって、いわゆるメインバンクの株式などは、消滅させなければならない株式にはあたらないと考えてよかろう。中小企業にガイドラインが適用されたような場合には、新たな増資を得られないこともあり得る。既存株主の権利を減少又は消滅させなくとも正義に反するとはいえないような場合が全くないとは言い切れないであろう。どのような場合に合理的な例外にあたるかは、今後の事例の積み重ねの中で引き続き検討を要する。

4 経営者責任

ガイドライン第７項（５）は、「対象債権者の債権放棄を受けるときは、債権放棄を受ける企業の経営者は退任することを原則とする。」と定めるが、研究会が作成したQ&A４１には、「・・・経営悪化に伴って旧経営陣は既に退任しており、新しいスポンサーや主力の金融機関から新たに派遣された経営者が、新経営体制の下で再建計画を作成し債権放棄の申し出を行うなどのケースがあります。そのようなケースまで退任を必須としているわけではなく、その場合には個別に対応する必要があります。」と記載されている。これまた原則を定めるものであって例外があり得る。これまでの実例では、社長、会長、代表取締役は退任したが、その他の取締役の全部又は一部はその地位にとどまり、新たなスポンサーが付いた場合を除いては、むしろ現取締役の中から新代表取締役が選任されるのが一般的であった。債務者企業が窮境に至った原因について責任があれば、平取締役といえども退陣するのが当然であるが、取締役であるからといって当然に退任しなければならないものではなかろう。また人材確保などの点から柔軟に対応しなければならないことも少なくないであろう。中小企業にガイドラインが適用された場合にも、窮境に至った原因について責任のある経営者が、原則としてその地位に留まることが適当でないことには変わりがない。しかし、旧経営者を放逐したの

では事業経営存続に支障を来す場合があることも考えられるので、社長などとして遇するかどうかはともかくとしても、実現性の高い再建計画が策定できることを前提としつつ、事業再建のために欠かせない人材確保のために何らかの工夫が必要となることがあろう。

5 平等衡平

ガイドライン第7項（6）は、「再建計画案における権利関係の調整は、債権者間で平等であることを旨とし、債権者間の負担割合については、衡平性の観点から個別に検討する。」と定める。ところがこれまでの実例は、いずれも債権放棄等はメインバンクと準メインバンクだけが行うが、債権放棄等の割合は準メインよりもメイン行が多く、メインと準メイン以外の金融機関には債権放棄は要請せずに、与信残高維持（期限の猶予）と金利統一だけを求めるとするものであった。

メインバンクがある程度の負担をするのは、やむを得ないとの意見も理解できるが、「平等を旨」とするガイドラインからは乖離している可能性があるとの指摘もあった。またメインバンクに負担を過度に「しわ寄せ」するときは、ガイドラインによる私的整理の要の役割を果たすメインバンクにとって経済合理性のないものとなりかねない。また限られた期間内に対象債権者全員の同意を取り付けることが困難であることも、与信残高が多くないいわゆる下位行に債権放棄等を求めることが実際的でない理由の一つにあげられている。個別具体的事情により判断すべきであるのは当然ではあるが、平等と衡平を旨とするための一層の努力を続けるのが相当であろう。

第2 対象債権者全員の同意

ガイドライン第8項（4）は、「対象債権者全員が再建計画案に同意する旨の書面を提出した時に再建計画は成立する」と定め、同第8項（6）は、「再建計画案に対して・・・対象債権者全員の同意が得られないときは、・・・私的整理は終了し、債務者は法的倒産処理手続開始の申立をするなど適宜な措置をとらなければならない。」と定める。債権者全員の同意を得ることは困難であるところから、全員の同意がなくとも4分の3以上の同意が得られたときは、私的整理は成立したものとすべきであるなどの意見もあった。しかし法的拘束力を持たない私的整理手続においては、多数決によって不同意者の権利を変更することはできないことも当然である。如何ともし難いところである。もっともQ&A44に記載されているとおり、「・・・ほとんど

5

全ての債権者が同意したにもかかわらず、ごく一部の債権者の同意が得られない場合において、その債権者を対象債権者から除外しても再建計画上大きな影響が出ない場合は、同意しない債権者を除外して再建計画を成立させることも可能で」あり、この場合には法的手続に移行するまでもなく、不同意債権者を除く債権者と債務者間で私的整理を成立させた上で、特定調停手続などにより不同意債権者との交渉を継続することも可能である。紳士協定であるガイドラインにおいては、公的使命を担う多数の金融機関が経済合理性に基づく妥当な判断により合意に達することを期待しており、一部金融機関が頑強に抵抗して「ごね得」を狙うことは想定していない。

第3　中小企業に対する適用

1　中小企業も利用可能

　ガイドラインは中小企業も利用可能である。しかしガイドライン第1項（1）に記載してあるとおり、ガイドラインによる私的整理は「多数の金融機関等が・・・主要債権者又は対象債権者として関わることを前提とする」ものである。Q&A3には、「どの程度になったら「多数」と言えるかについては、それぞれのケースの特殊事情もありますので断定できませんが、金融機関等債権者が数社以内の場合には、このガイドラインに定める手続によるまでもなく、適宜な方法で協議して再建策を取り決めることができるでしょう。」と記載されている。とすると対象金融機関の数が少ない場合にもガイドラインを利用することができるとしても、取引金融機関数が1～2行であることが多い中小企業にとっては、債権者会議や一時停止などの手続には手間がかかって厄介であると受け取られる可能性がある。

2　ガイドラインによる手続に準じた利用

　そこでガイドラインによる手続の全部を踏まないでも、その一部を利用してガイドラインによる手続に準じた手続により債務整理を行うことが考えられる。公正な第三者である専門家アドバイザーに再建計画の妥当性、経済合理性、実行可能性を客観的に検証させることもガイドラインの重要なポイントの一つである。特に商法上の監査を受けていない中小企業にとっては、公認会計士を含むアドバイザーの調査検証を受ける意義は大きい。
　ガイドラインによる私的整理には、債権放棄の損金算入や債務免除益に対する課税問題の他にもDIPファイナンスによる融資を受けやすいなどの利点があるが、例えば一時停止通知や債権者会議などは大掛かりに過ぎるとして

も、専門家アドバイザーを依頼して、債務者会社の「資産負債や損益の状況及び再建計画案の正確性、相当性、実行可能性などを調査検証」(ガイドライン第5項(3)②)させて、その客観性を担保することにより、課税問題やニューマネー融資についてガイドラインによる手続をとった場合に準じた取扱いが望まれる。

3　再建計画案の内容に関する要件の緩和の是非

　対象債務者が中小企業だからといって、ガイドライン第3項と第7項に定める対象債務者の適格や再建計画の内容に関する要件を緩和してもよいかについても協議したが、合理的例外にあたるかどうかはケース・バイ・ケースで判断すべきであって、中小企業だからといって一般的に要件を緩和しなければならないとするのは相当ではないとの意見が大勢を占めた。

4　特定調停手続の利用

　中小企業が1～2行の金融機関から債務免除などを受けて過剰債務の負担を軽減して再建するためには、金銭債務に関する調整をして経済的再生を図るための「特定債務等の調整の促進のための特定調停に関する法律」(特定調停法)による特定調停手続を利用することなどが考えられる。この種の特定調停の場合には、予め用意した法律、税務、金融、企業の財務、資産の評価等に関する専門的知識を有する弁護士や公認会計士・税理士や不動産鑑定士などの専門家である調停委員が指定され、専門家調停委員を含む調停委員と調停主任裁判官からなる調停委員会の関与の下に調停が進められて、「特定債務者の経済的再生に資するとの観点から、公正かつ妥当で経済的合理性を有する内容」の調停成立に至る。法人税基本通達(9-4-1、9-4-2)は、債権放棄等について損金算入が認められるためには、「業績不振の会社等の倒産を防止するためにやむを得ず行われるもので、合理的な再建計画に基づくものであることなどを要する」としているが、特定調停法が定める調停内容についての実体的要件とこの法人税基本通達が示す基準は、同じではないが重要な点において重なるものと解される。そうすると特定調停成立により債権放棄がなされる多くの場合には、税務当局によってその損金算入が認められる蓋然性が高いが、調停成立に先立ち国税局または地裁本庁所在地にある税務署の法人税課第1部門における事前相談により確かめることもできる。もっとも各地の裁判所で現に行われている特定調停には、個人消費者の多重多額債務の整理を目的とするものが多く、未だ過剰債務を負担する企業の再生のために十分の門戸が開かれているとは言い難いし、企業再生に精

[個別報告1] 「中小企業版私的整理ガイドライン」の提言

通した専門家調停委員が十分に配備されているとは言えない現状にあることも否めない。今後この種の特定調停事件増加の兆しが見えたときには、その需要を満たすことができるような人的整備などがなされることが期待される。

第4　専門家アドバイザー
1　専門家アドバイザー候補の事前選定と事前相談

　ガイドライン第5項（3）②は、第1回債権者会議において、「資産負債や損益の状況及び再建計画案の正確性、相当性、実行可能性などを調査検証するために、公認会計士・・・弁護士・・・その他の専門家（アドバイザー）を選任」できるとしているが、実際にも今までの全ての案件で選任されており、専門家アドバイザーを原則として選任する運用は正しい。専門家アドバイザーを選任する主体は対象債権者であるが、これまでの例では主要債権者が予め人選した上で推薦し、その提案のとおりに選任されている。やむを得ない運用であると思われる。さらに現実には一時停止通知を発するかなり前から、専門家アドバイザー候補者は、主要債権者と債務者企業から立案中の再建計画案の大筋の素案について、その妥当性や相当性について意見を求められ、相応な助言をしているのが実際であり、専門家アドバイザー候補者としても、第1回債権者集会で選任される前に、予めある程度の資料の提供を受けて、調査を進めていなければ、調査報告書を適時に提出することが難しい実情にある。対象債権者が再建計画案に同意するかどうかを検討するためには、専門家アドバイザーが提出した調査報告書を参考とするのが通常であるから、対象債権者が検討するために必要な時間的余裕を残して、調査報告書を早めに提出しなければならないが、そのためには選任される前の候補者の段階から調査を進めることを要する。実情に合う運用として容認されてよいであろう。

　もっとも専門家アドバイザー候補者（後述の補助者も含む）の氏名等は、一時停止通知書に記載して事前に開示することにより、対象債権者が第1回債権者会議前又はその会議の席上において異議を述べる機会を失わないように配慮するのが相当である。

第2部　中小企業の事業再生の今後

2　専門家アドバイザーの利害衝突

（1）　弁護士

　専門家アドバイザーは、窮境企業の再建実務に経験が豊富で造詣が深く、金融機関に信頼される人物であることが望まれると同時に公正な第三者であることが要求されるが、適任と思われる弁護士の中には既にいずれかの金融機関の顧問弁護士であるものが少なくなく、多数金融機関が関わるガイドラインによる私的整理の専門家アドバイザーたる弁護士の適格として、顧問先金融機関が全く関わっていないことを求めるのは実際上無理である。大口債権者であるメインまたは準メインの金融機関と特別の関わりがなければ、それでよいとするのが実際的解決であろう。それでも予期に反して専門家アドバイザーの顧問先金融機関について偏頗行為の疑いが指摘されたこともあり、その場合にはその問題の調査判断からは、当該の関わり合いのある専門家アドバイザーは回避し、その事実を対象債権者全員に開示したことがあった。そのような場合に備えて利害衝突がないことが明白な場合を除き、複数の弁護士を専門家アドバイザーに選任しておくのが妥当である。

（2）　公認会計士

　専門家アドバイザーとなる公認会計士又は監査法人についても、企業再建の実務について豊富な経験と深い造詣を有する中立公正な第三者であることが求められる点は、弁護士と同様である。

　個別案件について公認会計士が専門家アドバイザーとなるためには、その公認会計士が債務者会社、主要債権者、準メインバンクのいずれの財務書類に係わる監査又は監査証明、財務書類の調整や調査、あるいは財務に関する相談等の各業務に従事していない等、特別の関わりがないことが必要であろう。

　監査法人についても基本的には公認会計士の場合と同様である。ところが大規模監査法人は多くの金融機関や大企業に関わりを持っている上に様々な制約があるために、実際には専門家アドバイザーとなることは困難である。

　大規模監査法人に所属する個人である公認会計士も同様であり、専門家アドバイザーになっていただけないのが現状にある。

　ところがガイドラインによる私的整理の対象となる債務者会社には大企業が多く、専門家アドバイザーとして調査検証を実施するためには、大規模監査法人の協力が不可欠であることが少なくない。大規模監査法人は専門家アドバイザーとならないとしても、専門家アドバイザーの補助者として協力することは可能である。専門家アドバイザーは、補助者の調査結果を鵜呑みに

するのではなく、それを参考にして自らの責任において確認調査を行い判断するのであるから、補助者と関係者との利害衝突については、専門家アドバイザーについて要求される程に厳格に解釈する必要はなく、その監査法人が債務者会社及び主要債権者の財務書類の監査業務に携わっていなければ、仮に準メイン銀行などの監査を実施したとしても、専門家アドバイザーの補助者にはなれるとしてよいであろう。もっともその場合にも補助者たる大規模監査法人の内部において、相互に情報を遮断するための厳格なファイヤーウォールの仕組みを構築し、守秘義務を遵守することを確約するなど、利害衝突に関して相応の配慮が必要となる。

ガイドラインによる私的整理の専門家アドバイザー業務について大規模監査法人の一層の協力が期待される。

3　専門家アドバイザーの推薦

専門家アドバイザー適任者について十分な情報が共有されていない現状を考慮して、本実務研究会は末尾記載の者を構成員とする専門家アドバイザー推薦委員会を組織した。もとより専門家アドバイザーを選任するためには、推薦委員会による推薦を経なければならないものではなく、関係者等の手持ちの情報では適任者を得ることができない例外的な場合に備えたに過ぎない。推薦委員会の推薦を得るには、「私的整理に関するガイドライン研究会」の事務局である全国銀行協会事務局を経由されたい。推薦委員会は適任者を推薦するために最善の努力をするが、推薦委員会と推薦委員はもとより全銀協も、被選者の人物や能力について何らかの保証をするものではなく、情報提供の手助けをするに過ぎないことを御了解願いたい。

第5　税制上の問題についての提言

1　会社更生手続又は民事再生手続が開始された場合と同様に、資産評価損を税務上損金に算入することを可能とすること

会社更生手続においてなされる財産評定によって生じた評価損は損金算入が可能とされており（法人税法33条2項、法人税法施行令68条1号ハ、同条2号ハ、同条3号ホ、同条4号イ(2)ロ）、民事再生手続においてなされる財産評定についても同様とされている（法人税法33条2項、法人税法施行令68条1号ニ、同条2号ニ、同条3号ヘ、同条4号イ(3)ロ、法人税基本通達9-1-5(2)、9-1-16(2)）。ガイドラインによる私的整理において資産の評価をやり直した場合に同様の取扱いができるかどうか判然としない。

そこでガイドラインによる私的整理において、債務超過の実態に合わせて財務の再構築を行うためには、外部に資産を譲渡するなどによって評価損を現実化させなければならず様々な支障が生じている。

民事再生手続において会社更生手続と同様の取扱いが認められているのは、「更生手続の開始決定又は商法の規定による整理開始命令があったことにより当該資産につき評価換えをする必要が生じたこと」に準ずる特別の事実があったとされるためである（法人税法施行令６８条１号ニなど参照）。もともと商法による会社整理は、巷間行われていた私的整理が裁判所の関与の下に公正になされるように、法的な枠を嵌めたものであるが、専門家アドバイザーによって調査検証されるなどの点で、ガイドラインによる私的整理もその公正は確保されており、商法による会社整理に準ずるものということが可能である。とするとガイドラインによる私的整理の場合にも、「商法の規定による整理開始命令があったことにより当該資産につき評価換えをする必要が生じたこと」に準じた特別の事実があったものとして、民事再生と同様の取扱いとするのが相当である。税務当局の早急な対応を求める。

2　債務免除益と期限切れ繰越欠損金とを損益通算するにあたり、会社更生手続が開始された場合と同様に期限切れ繰越欠損金から優先的に使用することを可能とするよう関係法令を改正すること

民事再生手続においては再生計画による債務免除益と繰越欠損金とを損益通算することは可能であるが、過去５年以内の青色欠損金をまず使用し、それでも不足するときはそれ以前の繰越欠損金を使用することもできるとされており（法人税法５９条、法人税法施行令１１７条３号）、ガイドラインによる再建計画による免除益についても、民事再生に準じて同様の損益通算が可能とされている（法人税法施行令１１７条４号、法人税基本通達１２−３−１(3)）。

会社更生手続においては、財産評定によって生じた評価益と更生計画による債務免除益については、過去５年以内の青色欠損金から充てなければならないとの制限はなく、それ以前の繰越欠損金をまず使用することができる（会社更生法２６９条３項、法人税基本通達１４−３−６）。つまり評価益と免除益とを通算しても、なお繰越欠損金が残っている場合には、将来の益金のうち残った繰越欠損金相当額までは、益金として課税されないことになるが、使用できる繰越欠損金の額がそれだけ多くなり、その分だけ早く債務超過を解消できることになる。金融機関債権者から多額の債権放棄等を受けながら、

なお繰越欠損金が残っているのに5年以上を経過したことを理由に損益通算できないとするのは如何にも不合理である。ガイドラインによる私的整理や民事再生の場合にも会社更生並の取扱いが可能となるように、関係法令等の改正が早急になされることが求められる。

第6　その他

1　ニューマネー融資債権

　ガイドライン第6項（3）は、「一時停止の期間中の追加融資は、債権者会議の決議・・・により定めた金額の範囲内で、その定めた方法により、必要に応じて行うものとし、追加融資による債権は対象債権者が有する債権に優先して随時弁済される。」と定める。いわゆるDIPファイナンスである。私的整理期間中の新規融資については売掛金や手形などの担保を徴するのが一般的であり、優良担保又は一般担保を取得することによって、回収の危険性は低いからDIPファイナンスによる融資債権については格段の引当を要しないのが通常であるから、開示債権であることがニューマネーの融資を渋る理由になるとは考えにくい。

2　整理回収機構の関わり

　本実務研究会の席上、整理回収機構がガイドラインによる私的整理の手続に積極的役割を果たすことの可能性について論議された。

　ガイドラインは倒産実務家国際協会が策定して各国にその採用を勧告したINSOL8原則を参考にして作られたが、その基になったのは英国で行われ1990年頃に内容が固まったとされるロンドン・アプローチである。過剰債務を負担するが再建の見込みがある企業を救済するために、多数金融機関債権者が協調して金融支援策をまとめるための不文律のルールである。紳士の国とは言え定着するのに年月を要し、中央銀行であるイングランド銀行が個々の私的整理の案件について調整役又は調停者として積極的な役割を果たしたようである。

　これまでの6件のガイドラインの案件では、紆余曲折はありながらも、いずれも全員の同意により私的整理を成立させることができたが（一部手続中）、今後、ガイドラインがより活用されるようになると成立までに更に難航する案件もあり得る。整理回収機構が公正な立場から調停者となり、公正衡平で妥当な解決のために、債務者、主要債権者、対象債権者間の調整役としての役割を果たし、私的整理の成立に尽力していただければ幸いである。

第 2 部　中小企業の事業再生の今後

　また言うまでもなく、整理回収機構が対象債権者の債権を買い取った上で、当事者としてガイドラインによる私的整理の手続に参加して、自ら対象債権者としての立場から、その成立に力を貸していただくことも可能であろう。具体策については関係各方面において引き続き検討がなされることが望ましい。

以上

【資料 2-2】

ガイドラインの評価および今後の課題等について

－　実務ＷＧ検討結果報告　－

２００５年１１月４日

私的整理に関するガイドライン研究会

出典：全国銀行協会ウェブサイト https://www.zenginkyo.or.jp/news/detail/nid/2680/。

第2部　中小企業の事業再生の今後

はじめに

　「私的整理に関するガイドライン研究会」では、本年5月25日に実務WGを立ち上げ、「私的整理に関するガイドライン」に則した再建計画に携わった実務者等の意見等を踏まえ、実務的な観点から、現在のガイドラインの評価を行うとともに、ガイドライン・同Q&Aの内容について見直しが必要かどうかも含めた検討を行った。

　この検討結果を次のとおり取りまとめるとともに、Q&Aの一部改訂を行うこととした。

1．ガイドラインが果たしてきた役割

　2001年9月、私的整理に関するガイドライン研究会は、「私的整理に関するガイドライン」を策定し、それ以来、同ガイドラインは、金融機関の不良債権問題と企業の過剰債務問題の一体的解決のための有用なツールとして活用されてきた。

　この背景には、ガイドラインにもとづく私的整理を行うことにより、①私的整理自体の透明性が向上したこと、②スピーディーな処理が可能となったこと、③第三者の客観的な意見が反映されるようになったこと、などが挙げられる。また、企業価値が著しく毀損する可能性の高い法的整理と比しても、私的整理のメリットを強調する声が強い。

　ガイドラインを実際に適用した件数は、総合すると、少なくとも30～40件ぐらいの大型・中規模案件とのことであるが、実際に適用しない場合でも、ガイドラインに準じた手続によって、金融支援による多数の企業再生が行われてきた。整理回収機構（RCC）や中小企業再生支援協議会による企業再生も、ガイドラインを参照しつつ、実質的にそれに即したものとして実施されている。このように、検証を行うための指針として活用するなど、副次的な効果を評価する声も非常に強い。

　その結果は、主要行における不良債権比率半減の目標達成に表れており、これまでのガイドラインが果たしてきた役割を非常に高く評価しているというのが、実務WGメンバーの総意であった。

[個別報告1] 「中小企業版私的整理ガイドライン」の提言

2．ガイドラインの今後の役割

　　ガイドラインが策定された2001年以来これまでの間に、わが国の早期事業再生のための文化は大きく前進し、世界的水準に達しつつある。しかしながら、不良債権処理問題が峠を越したとしても、企業の有為転変は激しさを増しており、窮境に至った問題企業のスピード再生は、これまで以上に必要となってきていることも事実である。

　　2003年4月に設立された産業再生機構における事業再生の手続きは、ガイドラインの延長線上にあった手続きであると言えるが、2005年3月末の同機構の債権買取り期限が満了し、新たな支援決定を出せなくなった今日、ガイドラインが不良債権処理のみならず企業のスピード再生のためにも有用なルールであることに変わりはない。

　　ガイドラインの今後の役割として、企業の過剰債務の状況は必ずしも終わったわけではなく、スピーディーな処理が必要な案件も出てくること、中堅・中小企業案件や公的セクターについては、引き続き、不良債権処理のニーズがあることなどの観点から、ガイドラインの使い勝手を良くしていくための検討が重要であることは、実務WGメンバーの総意であった。

3．ガイドラインの今後の課題

（1）債務者

　　これまでも中小企業の再生について、ガイドラインの活用を否定してきたわけではないが、費用対効果や取引銀行の少なさといった事情から、ガイドラインそのものを適用するケースは少なかった。しかし、中小企業再生支援協議会でガイドラインを活用したケースもあった。

　　今後も中小企業へのガイドラインの適用を否定するわけではなく、検証するための指針として活用されるだろうし、実際に活用するケースもあるだろうが、モラルハザードの観点から、ガイドラインのハードル（3年以内の実質債務超過解消および3年以内の黒字転換などの再建計画内容の基準）は下げるべきではないが、中小企業においては合理的な理由があれば、柔軟な活用もあり得るというのが実務WGメンバーの総意であった。

第2部　中小企業の事業再生の今後

（2）利害関係者の調整

　ガイドラインによる私的整理の利点は、関係当事者の発意により早期に手続を開始でき、商取引債権者とは平常どおりの決済による取引を継続しつつ、金融機関債権者と対象事業者との間の協議により行われるために、事業価値を毀損することがなく、また、手続中に供給された運転資金融資債権の共益優先性が認められるため、事業継続に支障がなく事業再生を達成できることにある。

　一方、最大の弱点は、私的整理の成立には原則として関係する金融機関債権者の「全員」の同意を要することである。実務WGでも、債権者の全員同意は相当に困難であることを指摘する声が非常に強い。その他、法的整理は事業価値の著しい毀損があり、1金融機関でも反対すると法的整理に行ってしまうのは問題であることを指摘する声、既往の金融機関債権者から債権を譲り受けた外資ファンドやサービサーが債権者となっている場合の難しさを指摘する声、少数債権者が反対するようなケースの手当てなどの改善がなされれば、潜在的な案件を引き出す上でも効果があることを指摘する声、仮に私的整理がまとまった場合でも、メインバンクによる最大限の譲歩案提示によってようやく関係する金融機関債権者の間でまとまったというケースが多いことの問題を指摘する声があった。

　こうした現状を踏まえて、今後は何らかの方策を考える必要があるのではないかとの指摘があった。現状では関係債権者全員の同意が得られないときは、法的再建手続に移行する他にないが、移行後の手続において引き続き商取引債権の支払いが通常どおり支払われるかどうか、私的整理期間中に提供されたDIPファイナンスの共益債権性がそのまま認められるのかどうか、私的整理において大多数の債権者の同意を得た再建計画が尊重されずに、作り直しを求められるのではないか、といった点について不確実性が残っており、現にあるガイドライン案件について、全員の同意が得られないことが心配されたので、裁判所に事前に相談したところ言質を得られずに、やむなく民事再生への移行を断念した実例もあることにも鑑みると、実務の観点からすれば、予測可能性がないのは困る、といった意見があった。

　こうした意見を踏まえれば、私的整理プロセスで少数債権者が反対をした場合に、DIPファイナンスや商取引債権の保護など私的整理の枠組みを維持しながら、裁判所の関与により、この問題を解決するような仕組みの検討も

3

個別報告1　「中小企業版私的整理ガイドライン」の提言

期待される。この際、裁判所の手続では、対象企業の事業内容の劣化を防止する観点から、あまり時間がかからないようにすること（例えば1ヶ月以内に決着を付ける）、裁判所の認可要件（または不認可要件）を明確にすることなどが必要であるとの意見があったが、その一方で濫用防止策や少数者の意見をきちんと聞けるような配慮も必要なこと、を指摘する声もあった。

このように、大多数の金融機関債権者が経済合理性のある再建計画案に同意していても、少数の不同意債権者を拘束する手段はわが国においては現に存在せず、その場合には私的整理は不成功に終わり、会社更生や民事再生などの手続に移行しなければならない。そうすると移行時点において改めて再建計画案を作り直さなければならないだけでなく、私的整理期間中に負担した未払商取引債権は権利変更の対象とされ、同じく私的整理の間に供与された金融機関債権も減免対象とされてしまうおそれがある。そうした点を危惧すると、金融機関としてはガイドラインによる私的整理の手続の利用を躊躇せざるを得ないことになりかねない。

準公的な存在であった産業再生機構による手続きにおいても、関係金融機関等債権者全員の同意を取得することは容易ではなかったが、産業再生機構が関わらない私的整理においては、債権者の100％同意を取るのは一層困難である。

なお、会社更生や民事再生などの法的再建手続外で、早期に事業再生のための私的整理を開始する必要があることは世界諸国共通のことである。1978年の米国でのプレパッケージド・チャプター・イレブンは、事前に大多数の債権者の同意を得た計画案をその後の会社更生手続でもそのまま尊重する最初の立法であるが、事業再生の手法の多様化や関与者の拡大などにより、そのような法制が必要であることが世界的にも認識されつつある。英国の2002年エンタープライズ法は、私的整理により75％以上の債権者の同意を得た計画案について裁判所の認可を取得することを可能とし現に活用されており、さらにフランスでも、類似の法律が商法の一部改正法として2005年7月に成立したところである。また、国際通貨基金（IMF）の1999年の「秩序ある効率的倒産手続に関する報告書」、ワールドバンクの2001年「効率的倒産制度の原則とガイドライン」、国連商取引法委員会（UNCITRAL）の2004年「倒産法立法ガイド」の中でも、こうした制度の構築が勧告されている。わが国でも、経済産業省経済産業政策局長の私的研究会である「企業活力再生研究会」

第 2 部　中小企業の事業再生の今後

　　が2005年5月に発表した「今後の事業再生メカニズムの在り方について－中間とりまとめ」は、私的整理について債権者全員の同意が得られなかった場合を想定して、新立法を含む何らかの方策の必要性を指摘している。

（3）第三者の関与など
　第三者の関与では、調整主体については、アドバイザーなど第三者性のある人が主体となるのは難しく、アドバイザーはむしろ調整主体というよりは公平性の担保に徹しているとの指摘がある一方、第三者的なアドバイザーが中立的な立場で調整すると、メイン寄せを排除しながら私的整理を完成できる可能性が高くなるのではないか、という意見もあった。また、中小企業の場合は、コストをかけられないという中で、中小企業再生支援協議会の活用のメリットを指摘する意見もあった。

　一方で、産業再生機構が果たしていたようなデュー・デリジェンス機能をもった第三者の関与があれば、再生に合理性があることについての客観的な資料が得られ、債権者の見込み違いを自覚させ、調整を円滑化できるのではないか、との意見もあった。しかし、その一方で整理回収機構を含め、いつまでも準公的な機関に頼り続けることに対する消極的な見解もあった。

　さらに、今後の方向性として、シ・ローンなどが進めば、メイン・非メイン間の情報の非対称性は少なくなり、債権者間調整の負担は軽くなるのではないか、という指摘もあった。

（4）実務家の関与
　「実務家の関与」については、バランスシート調整だけでなく、再建計画を策定する際には、事業計画にもとづく収益性やキャッシュフローを見る視点も必要な場合があり、諸般の状況によっては、ビジネスの分かる人の関与が望ましいこともあり得る、というのが実務WGメンバーの総意であった。

（5）今後の期待
　この数年間で世界水準に達した早期事業再生を定着させ発展させるためには、利害関係者の調整を円滑化させる何らかの方策が必要であり、実務WGメンバーでも、そうした立法化を望む声が大方であった。既存の会社更生法

|個別報告1| 「中小企業版私的整理ガイドライン」の提言

や民事再生法や特定調停法の柔軟な運用の促進も含めて、できる限り不確実性を少なくした方法が実現できるよう、今後の関係省庁や実務家や学界などの議論に大いに期待するところである。

4．ガイドラインへの手当て

以上のガイドラインの評価等を踏まえ、実務WGでは、ガイドラインへの手当てが必要と思われる箇所をいくつかピックアップし、それぞれ次のとおり対応することで合意を得た。

（1）私的整理のプラクティス変化に対応した金融支援方法の多様化を反映

|問題意識|

ガイドラインの作成から4年が経過し、その間にプラクティスはかなり変化している。その変化をガイドラインに反映させるべきではないか。

具体的には、第1項(1)2～3行目では、ガイドラインによる私的整理について「債務（主として金融債務）について猶予・減免などをすることにより・・・」と定義されているが、債務の株式化を含めた金融支援の方法が多様化しているだけでなく、資本構成を適正にするために、財務リストラクチャリングをすることも必要となっているので、表現の見直しが必要ではないか。

また、第7項(1)④では、「資産・負債・損益の今後の見通し（10年間程度）。」と定義されているが、バランスシート調整だけではなく、事業計画にもとづく将来キャッシュフローを見ることも事業計画の内容にあるべき、との意見もあったことから、こうした実務の変化に応じた見直しも行うべきではないか。

|対　応|

これについて、実務WGでは、次のようなQ&Aを追加、修正することで合意を得た。

> Q38-1．第1項(1)2～3行目では、ガイドラインによる私的整理について「債務（主として金融債務）について猶予・減免など・・・」とありますが、ここでいう‘など’として、どういったものがありますか。

A．金融支援の方法が多様化しており、「債務の株式化（デットエクイティ

第2部　中小企業の事業再生の今後

スワップ）」を含めた「資本構成を適正にするための財務リストラクチャリング」も対象となります。

Q37．再建計画達成後の債務者の状態はどのようであるべきですか。
A．平成11年7月に適用が開始された・・・・（以下同文）。
（中略）
なお、第7項(1)④では、「資産・負債・損益の今後の見通し（10年間程度）。」と定義されておりますが、再建計画達成後の債務者の状態を客観的に判断するためにも、再建計画立案時に、資産・負債・損益の今後の見通しだけでなく、事業計画にもとづく将来キャッシュフローを事業計画の内容に含めることが望ましいと考えられます。

（2）メインバンクのあり方の変化を踏まえた主要債権者の定義

問題意識

これまでメインバンクとは、主にメガバンクを想定し、資金繰りの面だけではなく役員や幹部職員も派遣するなど、債務者とかなり密接な関係にあり、第2項の（2）では「主要債権者」という言葉で定義されていた。今後も債権額の大きい金融機関が関与して一時停止を依頼するという基本的な枠組みは変わらないと思うが、当初想定していたメインバンクの姿はかなり変化してきており、それを何らかのかたちで表現したほうがよいのではないか。

具体的には、Q&Aにある現在の定義『主要債権者』（＝債権額が多い複数（数社）の金融機関）を、例えば「債権額が比較的多い金融機関（金融機関債権者）」と捉えてはどうか。

対　応

これについて、実務WGでは、次のようにQ&Aを修正することで合意を得た。

Q8．『主要債権者』及び『対象債権者』とは、それぞれどのような債権者を指すのですか。
A．『主要債権者』とは、債権額が比較的多い単数または複数（数社）の金融機関債権者であるのが通常です。（後略）

(Q9. を削除)

~~Q9. 主要債権者は『複数の金融機関であるのが通常である』となっていますが、単独でもよいのですか。~~

~~A. 主要債権者は、債務者から私的整理の申し出を受け、対象債権者の合意を得るために、債務者と協力して手続を進めていくことになります。~~
~~ケースとしては少ないと考えられますが、主力行が一行でも圧倒的なシェアを占めている場合には、主力行単独で主要債権者となり得ます。~~

（３）金融機関債権者のサービサーやファンドへの拡大を踏まえた対象債権者の定義

問題意識

債権者には金融機関だけではなく様々なところが含まれている。最近のケースでは、サービサーあるいはファンドが入ってきたという指摘もあった。

具体的には、第4項（4）では、「対象債権者の範囲は、金融機関債権者であるのが通常であるが、相当と認められるときは、その他の大口債権者などを含めることができる。」とある。「対象債権者」とは、Q8でも定義されているが、サービサーやファンドといった金融債権者なども対象債権者のなかに含まれることを明記したほうがよいのではないか。

対 応

これについて、実務WGでは、次のようにQ&Aを修正することで合意を得た。

Q8.『主要債権者』及び『対象債権者』とは、それぞれどのような債権者を指すのですか。

A. （前略）

『対象債権者』とは、再建計画が成立したとすれば、それにより権利を変更されることが予定されている債権者であって、主要債権者も対象債権者に含まれます。また、<u>既存の債権者から債権の譲渡を受けたサービサーやファンドといった金融債権者なども、当然に含まれます</u>。

第2部　中小企業の事業再生の今後

(4) 政府系金融機関のガイドラインへの参加の位置付けの見直し
問題意識

実務WGでは、政府系金融機関に関する意見として、「債務者の取引銀行は多くても数行であり、残りは政府系金融機関や保証協会。保証協会が債権放棄に応じないといったケースもあり、経済合理性のある債権放棄ができるかは非常に大きな問題。」との指摘があった。

また、Q16の表現では、緊急経済対策の一環として、政府系金融機関が参加しているように見えてしまい、そういう事態を脱した現在では、もう政府系金融機関は参加しなくていいのかといった反対解釈が成り立つおそれがあり、これについても見直し等の手当てが必要ではないか。

対応

これについて、実務WGでは、次のようにQ&Aを修正することで合意を得た。

> Q16．公的金融機関等はこのガイドラインにおける主要債権者又は対象債権者となりますか。

A．~~平成13年4月に発表された緊急経済対策の具体的施策の一つとして、公的金融機関等による対応として、「民間金融機関が債権放棄を行おうとする場合に、公的金融機関等についても、ガイドラインによる調整プロセスの公正性、国民負担への影響等に十分に配慮しつつ、適切な対応を検討する」ことが掲げられています。~~

このガイドライン<u>は、当然に、</u>公的金融機関等が主要債権者や対象債権者<s>に</s>になることが可能であることを前提として策定されております。

(5) 第三者アドバイザーとしての会計士・税理士・弁護士以外の参加
問題意識

実務WGでは、「会計士や弁護士が判断する客観性と、ビジネスの専門家が事業価値を客観的にプライシングすることは別物。スポンサー自らが事業を買い取る際の値段をチェックする場合、ビジネスの専門家の関与は効果的。」や「最近は、事業再構築計画に重きを置くようになってきているが、弁護士や会計士とは違うビジネスの専門家が専門家アドバイザーとして加わること

が望ましいのではないか。」との指摘があった。バランスシート調整による債務超過解消だけでなく、事業再構築計画が大切であり、そのためには会計や法律の専門家に加えて、ビジネスの専門家の関与が望ましいのではないか、というのが大方の意見であった。

具体的には、Q23「債権者会議で選任される『アドバイザー』は何をするのですか」のAの1行目の「弁護士」の次に「や事業経営に関する専門家」を加え、5行目の「弁護士」の次に「や事業経営に関する専門家」を加えてはどうか。

対応

これについて、実務WGでは、次のようにQ&Aを修正することで合意を得た。

Q23. 債権者会議で選任される『アドバイザー』は何をするのですか。

A. アドバイザーには公認会計士や弁護士や再建計画策定に知識・経験を有する専門家等を選任することが予定されており、債務者が提出した財務諸表の内容が正しいかどうか、再建計画案の内容が相当かどうか、その実行可能性があるかどうかなどを調査して報告します。

債務者が再建計画案を立案するにあたっては、既に公認会計士や弁護士や事業経営に関する専門家等が関与していることが多いと考えられますが、・・・（以下変更なし）。

（6）中小企業に対するガイドラインの適用について

問題意識

実務WGでは、「地方には、再生支援を行う必要のある中小企業が多く存在する。ガイドラインは、1つの中心となるルールであり、それに準じた形で処理がなされているかを検証するためのツールとして、今後もあり続けてほしい。」との指摘があった。ガイドラインは大企業のものだけではなく、中小企業までを対象にしていることを明確にしておいた方がよいのではないか。

対応

これについて、実務WGでは、次のようにQ&Aを修正することで合意を得

第2部 中小企業の事業再生の今後

た。

> Q3. このガイドラインによる私的整理の対象となる企業はどのような企業ですか。

A． このガイドラインは、・・・・・（以下同文）。

（中略）

<u>なお、本ガイドラインは、対象企業として、中小企業を排除するものではありません。</u>

以　　上

【資料 2-3】

平成 29 年 9 月 25 日
東京商工会議所
東京都中小企業再生支援協議会

再生支援をした中小企業の７割が順調な経営に回復
～再生支援企業の 10 年後の追跡調査結果～

　東京商工会議所に開設されている「東京都中小企業再生支援協議会」（会長＝石井卓爾・東京商工会議所特別顧問）では、平成 15 年から 18 年に再生計画の策定支援を完了した 69 社に対し、完了 10 年後の追跡調査を実施いたしました。

　本調査は、平成 15 年～18 年にかけて、窮境状態にあり再生計画策定支援に取り組んだ 69 社を対象に、企業及びメインバンクへのヒアリングにて実施したものです。当協議会の支援を受けた企業の<u>約 7 割にあたる 49 社が順調な経営状況（債務超過解消もしくは継続的な経常黒字）に回復し、うち 39 社（56.5%）が債務超過を解消して窮境を脱している</u>ことが明らかになりました。一方で、不安定な経営状況が続く企業は 13 社（18.8%）、倒産等で破綻した企業は 7 社（10.1%）でした。69 社のうち約 9 割の企業が、現在も事業を続けており、従業員の雇用を継続し地域経済に貢献をしています。【下表参照】

　また、抜本再生となる債権放棄等の支援を受けた企業 29 社は、10 年後の生存確率が 100% で、自力再生型（23 社）とスポンサー型（6 社）ともに、１社も倒産していないことが確認されました。【下図参照】

　なお、当協議会では、平成 15 年の設立以降、多くの中小企業の相談を受けており、<u>平成 29 年 3 月末時点で 3,400 件の窓口相談（1 次対応）を受け、そのうち 620 社について再生計画策定支援（2 次対応）まで完了</u>しています。

　中小企業再生支援協議会事業（別紙参照）は、設置から早や 15 年を経過し、平成 30 年 3 月に時限立法の期限を迎えます。同事業の延長に向け、改めて、中小企業の会員が多い「商工会議所」が本事業を実施する意義を確認すべく、本調査を実施いたしました。

出典：東京商工会議所・東京都中小企業再生支援協議会プレスリリース（2017 年 9 月 25 日）。

第2部　中小企業の事業再生の今後

≪調査結果≫　調査期間：平成29年5月8日～8月30日、調査対象：69社
【表】当協議会　再生計画策定支援完了案件　追跡調査結果
（平成15～18年、全69社）

現状経営状況＼金融支援	債権放棄等（注1）	リスケ等（注2）	その他	計
順調（①）	25	22	2	49
（内、債務超過解消）	(23)	(14)	(2)	(39)
不安定（②）	4	9	0	13
破綻（③）	0	6	1	7
計（①～③）	29	37	3	69

（注1）債権放棄のほか、DES（債務の株式化）2件を含む。
（注2）リスケ（返済条件の変更）のほか、DDS（債務の劣後化）9件を含む。
平成29年5～8月時点経営状況

【図】当協議会　債権放棄等案件　事業承継類型別経営状況（同、全29社）

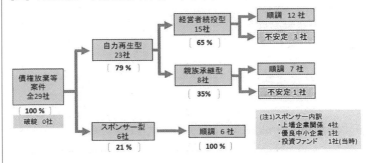

近時スポンサーによるM＆Aに注目が集まっているが、今回の調査結果では、債権放棄等による抜本的な再生に関しては、M＆Aではなくオーナー一族による自力型の再生が約8割を占めていることが明らかになった。さらに、そのうち約8割において、現在は既に債務超過を解消する等、順調な経営を確保しており、オーナー一族による経営を維持しながら再生を果たしていることが分かる。

個別報告1　「中小企業版私的整理ガイドライン」の提言

（参考）中小企業再生支援協議会について

　中小企業再生支援協議会（以下、協議会）は、産業競争力強化法127条に基づき、商工会議所等の認定支援機関を受託機関として、全国47都道府県に1ヶ所ずつ設置されています。事業再生に関する知識と経験とを有する専門家（金融機関出身者、公認会計士、税理士、弁護士、中小企業診断士など）が常駐し、窮境にある中小事業者からの相談を受け付けています（1次対応）。再生計画策定支援（2次対応）では、公正中立な第三者としての立場から、企業の事業面、財務面の詳細な調査分析や企業が窮境に至った原因の分析等を実施し、企業の再生計画案の策定を支援するとともに、金融機関に再生計画案を提示し、金融機関調整を実施しています。

≪支援の流れ≫

　中小企業において民事再生法等の法的整理手続の利用が減少している中、協議会の利用は増加しています。協議会の支援は、私的整理手続であるため、手続きの対象となる債権者は原則として銀行や信用金庫等の金融機関に限られ、支援する企業名も一切公表されません。一般の商取引債権者を含める民事再生等の法的整理手続とは異なり、風評被害のリスクは少なく事業の毀損を回避できるため、中小企業の再生に有用と言われ、多くの企業からご利用いただいています。

（㈱東京商工リサーチによる「民事再生法」適用企業の追跡調査（2000年度－2015年度）では、民事再生法の適用を申請した企業の生存企業が29.1％に過ぎないとの結果もでています。）

　なお、中小企業再生支援全国本部から公表された資料によれば、平成27年度に全国の協議会で再生計画策定した企業では、「滞納税金と滞納社会保険料計約36億円の解消」と「281件の事業承継」に繋がっており、協議会事業が中小企業の再生のみならず、事業承継や納税などの役割も果たしています。

【東京都中小企業再生支援協議会】
設置：東京商工会議所（認定支援機関）　　設立日：平成15年3月18日
所在地：東京都千代田区丸の内2-5-1　丸の内二丁目ビル5F
事業再生に関する知識と経験とを有する専門家（金融機関出身者、公認会計士、税理士、中小企業診断士等）が常駐し、東京都内の窮境にある中小事業者からの相談を受け付けています。

第2部 中小企業の事業再生の今後

個別報告2 私的整理から法的整理への連続性
1 事業再生ADR関係の産業競争力強化法改正について

弁護士 富永浩明

I 商取引債権に関する考慮規定

1 商取引債権に関する考慮規定の概要

(1) はじめに

平成30年5月16日に産業競争力強化法が改正されて、商取引債権に関する考慮規定が新たに制定されました。

新たに制定された商取引債権に関する考慮規定は、事業再生ADRの段階で、法的再建手続における少額債権保護（弁済許可）の要件（民事再生法（以下、「民再」という）85条5項後段・会社更生法（以下、「会更」という）47条5項後段。債権の少額性および債権を弁済しないことによる事業継続支障性）に適合することを確認し、法的再建手続に移行した場合に、かかる確認がされていることを裁判所が考慮して、法的再建手続における商取引債権保護を判断するというものです。商取引債権に関する考慮規定により、法的再建手続に移行した際の商取引債権保護の予見可能性が高まることが期待されています[注1]。

なお、法的再建手続における商取引債権の保護の方法としては、①申立後・開始決定前の保全段階で保全処分の例外として商取引債権を全額弁済すること、②開始決定後に少額債権の弁済許可の規定（民再85条5項後段、会更47条5項後段）により商取引債権を全額弁済すること、③

[個別報告2] Ⅰ 事業再生 ADR 関係の産業競争力強化法改正について

再生計画案また更生計画案の段階で差を設けても衡平を害しない場合に該当するとして商取引債権について権利変更せず全額弁済すること（民再155条1項但書、会更168条1項但書）が考えられます。

(2) 商取引債権に関する考慮規定と事業再生計画の実質的な多数決化

商取引債権に関する考慮規定によって、法的再建手続に移行した際の商取引債権保護の予見可能性が高まることになります。これにより、事業再生 ADR の合理的な事業再生計画が一部の債権者の反対で不成立の場合に、事業再生 ADR から簡易再生等の法的再建手続に円滑かつ迅速

（注1）　産業競争力強化法には、今回制定された商取引債権に関する考慮規定の他にも、同様な考慮規定として、社債権者集会の決議の認可に関する考慮規定（産業競争力強化法（以下、「産強法」という）55条、56条）およびプレ DIP ファイナンスの借入れに関する考慮規定（産強法57条、58条、59条）が存在する。

　これらの考慮規定（の趣旨・効果）については、いずれも裁判所の判断に関する予見（可能）性が高まる効果を期待しているとされている。

　具体的には、社債権者集会の決議の認可に関する考慮規定（産強法55条、56条）については、「事業再生に関する専門的知見を有し、当該事業再生事案に関与してきた特定認証紛争解決事業者により、当該事業者の事業再生に欠くことができないものであることが確認されていることは裁判所にとっても有益な情報であり、また、この確認がなされていることを必ず裁判所が考慮することから、裁判所の認可（決議が会社法第733条第4号に該当しないと判断されること）に関する予見可能性が高まる効果を期待している。」（経済産業省経済産業政策局編『産業競争力強化法逐条解説』（経済産業調査会、2014）234頁）とされている。

　また、プレ DIP ファイナンスの借入れに関する考慮規定（産強法57条、58条、59条）については、「事業再生に関する専門的知見を有し、当該事業再生事案に関与してきた特定認証紛争解決事業者により上記①及び②が確認されていることにより、裁判所は、自らこれらの事実の確認を行う労務コストを省略することが可能であり、また、この確認がなされていることを必ず裁判所が考慮することから、金融機関等は「つなぎ融資」を行うに際し、その回収リスクを低く見積もることができる（法的整理移行に移行した場合の債権カット率が低くなるという予見を得ることができる）こととなり、「つなぎ融資」を行いやすくなる効果を期待している。」（前掲書234頁）とされている。

に移行することが可能となり、事業価値の維持に資するとともに、事業再生 ADR の事業再生計画と同じ内容の計画を法的再建手続の再生計画等として速やかに多数決で成立させて、事業再生計画の実質的な多数決による成立を図ることが可能となると考えられます。

2 商取引債権に関する考慮規定の具体的内容

(1) はじめに

前述のように、今回新たに制定された商取引債権に関する考慮規定は、法的再建手続における少額債権保護（弁済許可）の要件（民再 85 条 5 項後段・会更 47 条 5 項後段）を事業再生 ADR の段階で確認し、法的再建手続に移行した後に裁判所が商取引債権の保護を判断する場合に、事業再生 ADR の段階で確認されていることを考慮する、という規定です。以下に少し詳しくご説明します。

(2) 確認規定の内容──産業競争力強化法 59 条

① 内容

事業再生 ADR 事業者（特定認証紛争解決事業者）による確認の規定（産強法 59 条）は、事業再生 ADR（特定認証紛争解決手続）を行っている債務者が、事業再生 ADR の段階で、事業再生 ADR 事業者に対して、事業再生 ADR 手続の終了に至るまでの間の原因に基づいて生じた債権について、以下の内容のいずれにも適合することの確認（以下、「59 条確認」という）を求めることができるとするものです。

　　ⅰ） 当該債権が少額であること。
　　ⅱ） 当該債権を早期に弁済しなければ当該事業者の事業の継続に著しい支障を来すこと。

なお、「事業再生 ADR 手続の終了に至るまでの間の原因に基づいて生じた債権」としては、商取引債権が想定されています。また、事業再

生 ADR 事業者（特定認証紛争解決事業者）による確認は、実際には、当該事業再生 ADR の手続実施者が行うことになります。

②　少額債権の弁済許可の要件を確認する理由

この「59 条確認」の内容は、前述のとおり、少額債権の弁済許可（民再 85 条 5 項後段・会更 47 条 5 項後段）の要件である「債権の少額性」という要件および「債権を弁済しないことによる事業継続支障性」という要件に適合することを確認するものとなっております。これは、以下の理由に基づきます。

前述のとおり、法的再建手続における商取引債権の保護の方法としては、申立後・開始決定前の保全段階で保全処分の例外として商取引債権を弁済すること、開始決定後に少額債権の弁済許可の規定（民再 85 条 5 項後段、会更 47 条 5 項後段）に基づき商取引債権を弁済すること、再生計画案また更生計画案の段階で差を設けても衡平を害しない場合に該当するとして商取引債権について権利変更せず弁済すること（民再 155 条 1 項但書、会更 168 条 1 項但書）が考えられます。

商取引債権に関する考慮規定は、法的再建手続へ移行した場合にも、商取引債権が保護される予見可能性を高めて事業価値の毀損を防ぐとともに、事業再生 ADR の事業再生計画と法的再建手続の再生計画等の対象債権を同じにして、ADR から法的倒産手続への移行を円滑にするとともに、計画内容を同じ内容として事業再生 ADR の事業再生計画を実質的に多数決によって成立させることを可能とすることを目的としています。

商取引債権の全額を従前の約定どおり支払うことによって、事業価値の維持を図ること、移行した法的再建手続の再生計画等を事業再生 ADR の事業再生計画と同じ内容とすることを考えると、計画段階の保護では時期的に遅きに失することが多いと考えられます。

そのため、商取引債権の保護が主に問題となるのは、「保全処分の例外で対応」および「少額債権の弁済許可」の段階と考えられます。そし

て、「保全処分の例外で対応」できるかどうかについては、実務的には、後述のように、実質的に、少額債権の弁済許可の要件（民再85条5項後段・会更47条5項後段）が満たされているかどうかが問題となります。

したがって、商取引債権の考慮規定の中心となるのは、少額債権の弁済許可の要件（民再85条5項後段・会更47条5項後段）を満たすかどうかになると考えられます。そこで、少額債権の弁済許可の要件に適合するかを確認することとしています。

(3) 考慮規定の内容

次に、法的再建手続に移行した後の、①保全処分の段階、②開始決定後の少額債権の弁済許可の段階、③計画案の段階の各段階での考慮規定について、ご説明します。

説明の便宜で、まず、②開始決定後の少額債権の弁済許可の段階の考慮規定からご説明します。

① 開始決定後の少額債権の弁済許可の段階に関する考慮の規定

ⅰ) 規定の内容

開始決定後の少額債権の弁済許可による商取引債権の弁済に関する考慮規定（産業競争力強化法（以下、「産強法」という）61条、64条）は、少額債権の弁済許可の申立てがなされたときは、裁判所は、許可の申立てのあった債権について「59条確認」がされていることを考慮した上で、許可を判断するものとするという内容です。

ⅱ) 民事再生法等の少額債権保護の規定と考慮規定

民事再生法（会社更生法）は、「少額の再生債権（更生債権等）を早期に弁済しなければ再生債務者（更生会社）の事業の継続に著しい支障を来すときは、裁判所は、再生計画（更生計画）認可の決定が確定する前でも、再生債務者等（管財人）の申立てにより、その弁済をすることを許可することができる」（民再85条5項後段・会更47条5項後段）として、事業価値の維持、事業の再建に配慮して、商取引債権の計画外の弁

|個別報告2| Ⅰ 事業再生ADR関係の産業競争力強化法改正について

済を認めています。

 しかし、「少額債権の弁済許可による保護」についても、「事業の継続に著しい支障を来すおそれがある」という要件を満たすのか、「少額の債権」という要件を満たすのかは、本来は個別の債権ごとの判断となり、保護の予見可能性が高いとは言いがたい面があります[注2]。

 そこで、「事業再生ADR中の商取引債権の法的再建手続移行後の保護の予見可能性を高める方策」として、産強法に、民再85条5項後段・会更47条5項後段に関する考慮規定を設けました。

 「59条確認」の内容は、少額債権の弁済許可（民再85条5項後段、会更47条5項後段）の要件に適合することを確認することとなっています。したがって、裁判所は、少額債権の弁済許可の要件に適合することが確認されていることを考慮して、少額債権の弁済許可を判断することになります。

 このように考慮規定を設けたことにより、裁判所が、少額債権の弁済許可（民再85条5項後段、会更47条5項後段）を容易かつ迅速に判断することが可能となり、「事業再生ADR中の商取引債権の法的再建手続移行後の保護の予見可能性を高める」こととなると考えられます。

② **保全処分の例外の対応に関する考慮規定**
　ⅰ）　規定の内容

 保全処分の例外に関する考慮規定（産強法60条、63条）は、再生手続（更生手続）開始の申立てがあった場合において、裁判所は、保全処分

（注2）　上田裕康＝杉本純子「再建型倒産手続における商取引債権の優先的取扱い」銀法711号（2010）43頁は、「会更法47条5項後段・民再法85条5項後段の規定には、いかなる債権が『早期に弁済しなければ（再生債務者の／更生会社の）事業の継続に著しい支障を来す』少額債権であるのかについての判断基準はまったく定められていない。そのため、商取引債権の優先的取扱いに関する現在の実務的運用には、手続によって、あるいは裁判所によって、差異があるのが現状のようである。」とする。

第 2 部　中小企業の事業再生の今後

を命ずるときは、「59 条確認」がされている債権（以下、「確認債権」という）については確認がされていることを考慮した上で、確認債権の弁済を保全処分で禁止するかどうかを判断するという規定です。

ⅱ）　保全処分の例外の対応と考慮規定

再生手続（更生手続）の開始の申立てがあった場合において、保全処分（民再 30 条 1 項、会更 28 条 1 項）を命ずるときは、実質的には再生手続（更生手続）の仮開始といえる段階です。そのため、保全処分の例外として、商取引債権の弁済を認めるかどうか判断する場合には、基本的に、「少額債権の弁済許可の規定」の要件があるかどうかを検討すると考えられます[注3]。

したがって、考慮規定によって、裁判所が、保全処分の例外として商取引債権の弁済を認めるかどうかを判断する場合に、「少額債権の弁済許可の規定」の要件に適合することが確認されていることを考慮することにより、容易かつ迅速に判断することが可能となり、「事業再生 ADR 中の商取引債権の法的再建手続移行後の保護の予見可能性を高める」こととなると考えられます。

（注 3）　難波孝一ほか「会社更生事件の最近の実情と今後の新たな展開」金法 1853 号（2008）36 頁は、更生事件に関してであるが、「保全段階で商取引債権一般の全額弁済がされた場合には、その延長線上にある問題として、更生手続開始後においても、当然に、商取引債権一般の全額弁済について会社更生法 47 条 5 項後段の許可がされることが予定されているといえる。」とする。
　また、東京地裁会社更生実務研究会著『会社更生の実務〔新版〕（上）』（金融財政事情研究会、2014）229 頁（鹿子木康・氏本厚司）は、「東京地裁では、更生手続開始後に一般の商取引債権の弁済を法 47 条 5 項後段に基づき許可をする事案においては、保全段階から、弁済禁止の保全処分や保全管理命令を発令するに当たって、一般の商取引債権を裁判所の許可なく弁済できる旨の決定をすることとしている。」とする。

③　再生計画等での保護に関する考慮規定

ⅰ）　規定の内容

再生計画（更生計画）での保護に関する考慮規定（産強法62条、65条）は、裁判所は、「59条確認」がされている債権（確認債権）と他の再生債権（更生債権等）との間に権利の変更の内容に差を設ける再生計画案（更生計画案）が提出され、または可決されたときは、確認債権について確認がされていることを考慮した上で、差を設けても衡平を害しない場合に該当するかどうかを判断するという内容です。

ⅱ）　計画段階での保護と考慮規定

計画段階の商取引債権の保護としては、商取引債権については、権利変更をせず、全額を支払う再生計画（更生計画）案を作成することが考えられます。その場合、金融債権については、権利変更がなされていれば、金融債権と商取引債権とで差を設けることになります。そこで、そのような差が、「差を設けても衡平を害しない場合」（会更168条1項、民再155条1項）に該当することが必要となります。しかし、「差を設けても衡平を害しない場合」に該当するかどうかは、各事案の計画ごとの個別判断となり、保護の予見可能性が高いとは言いがたい面があります。

計画段階の考慮規定についても、確認の内容は、「債権が少額であること」および「債権を早期に弁済しなければ当該事業者の事業の継続に著しい支障を来すこと」に適合することです。

しかし、少額であることは、衡平を害しない場合の典型的な場合と考えられます。また、「債権を早期に弁済しなければ当該事業者の事業の継続に著しい支障を来す」と言える場合は、再生債権（更生債権）である商取引債権を早期に（全額）弁済することにより、商取引先との間で従前どおりの商取引の継続が可能となり、その結果、事業価値の毀損防止ないし維持向上が図られ、ひいては、再生計画（更生計画）による他

（注4）　東京地裁会社更生実務研究会著『会社更生の実務〔新版〕（上）』（金融財政事情研究会、2014）225頁参照。

の債権者に対する弁済率も向上することが認められる場合と考えられます[注4]。このような場合であれば、「差を設けても衡平を害しない場合」ということができると考えられます。

　したがって、考慮規定によって、少額性および事業継続支障性の要件に適合することが確認されていることを考慮して、裁判所が、再生計画（更生計画）について「差を設けても衡平を害しない場合」に該当するかを判断することにより、裁判所の判断に有益な資料を与えることになり、「事業再生ADR中の商取引債権の法的再建手続移行後の保護の予見可能性を高める」こととなると考えられます。

Ⅱ　立法に至る経緯

1　概要

　商取引債権に関する考慮規定の立法に至る経緯としては、最初に、事業再生ADRの合理的な事業再生計画が一部債権者の反対で不成立になった場合に、事業価値を維持する観点から事業再生計画を多数決によって成立させることができないかについての検討が開始されました。そして、「直近の検討課題」ということで、事業再生ADRの事業再生計画を実質的に多数決で成立させるために、合理的な事業再生計画に対して一部の債権者が反対した場合に、簡易再生等の法的再建手続に移行して、短期間に、法的再建手続において、事業再生計画と同じ内容の再生計画（更生計画）を法定多数で成立させることが提言されました。

　ところで、事業再生ADRでは、商取引債権は通常は対象債権とされていません。これに対して、法的再建手続では、商取引債権も原則として対象債権とされています。そのため、事業再生計画と同じ内容の再生計画（更生計画）を作成するためには、法的再建手続においても、商取引債権を保護して弁済することが必要となります。しかし、法的再建手続における商取引債権保護は、個別の事案ごとの判断となり、予見可能

|個別報告2|　|1| 事業再生 ADR 関係の産業競争力強化法改正について

性が高くないと考えられました。

　そこで、法的再建手続に移行した際の商取引債権の保護の予見可能性を高め、事業価値を維持して、事業再生 ADR から法的再建手続に円滑かつ迅速に移行するために、商取引債権に関する考慮規定が設けられました。以下に、少し詳しくご説明します。

2　商取引債権の保護に関する考慮規定ができた背景
　—— 一部の債権者の反対

　商取引債権の保護に関する考慮規定ができた背景として、事業再生 ADR における事業再生計画の多数決による成立の必要性について、ご説明します。

(1)　私的整理と私的整理の公正性および衡平性の確保
　　——準則型私的整理

　事業再生を成功させるためには、事業再生手続中も事業価値を維持すること、事業価値の毀損を防ぐことが重要となります。

　しかし、法的倒産手続においては、法的倒産手続に入ったことが例外なく公表され倒産というレッテルを貼られること、金融債権のみならず商取引債権も対象とされ取引継続が困難になることなどから、事業価値も大きく毀損されると言われています。

　そこで、事業再生手続中も事業価値を維持して、事業再生を成功させるためには、私的整理の充実を図ることが重要となります。私的整理の弱点とされた公正性および衡平性については、「私的整理により債務処理を行うための手続についての一般に公表された公正かつ適正な準則に基づいて進められる私的整理（準則型私的整理）」の発展により克服され、事業再生において、私的整理が発展してきました。ただ、私的整理の残された課題（弱点）として、全員一致があると言われています。

第 2 部　中小企業の事業再生の今後

(2)　全員同意と私的整理の公正性および衡平性の確保

　事業再生 ADR を含む私的整理は、全員一致で成立することになります。そのため、合理的な事業再生計画であっても、一部の債権者が反対した場合には、不成立となります。事業再生 ADR において債権放棄を伴う事業再生計画が一部の債権者の反対によって不成立となった場合は、特定調停を行うか、法的倒産手続へ移行することとなります(注5)。特定調停または法的倒産手続へ移行した場合には、時間もかかり、事業価値が大きく毀損されることが想定されます。

　そこで、反対債権者の同意を得るために、平等性・衡平性を緩和しても、同意を得るための方策を考えることも生じます。具体的には、同意しない、または同意が容易でない債権者を、優遇したり（事実上）対象債権者から除外するなどの方策がとられることがあります(注6)。たとえば、○メインバンクの負担を多くするいわゆるメイン寄せを行う方策、○ 100％弁済を行う少額債権の範囲を大きく上げて、反対債権者の債務免除額をゼロにする、または軽減する方策、○事業再生計画の弁済方式に累積段階方式を活用して反対債権者の債務免除額を軽減する方策、○担保評価を相当性の範囲内で可能な限り高額に評価して反対債権者の債務免除額を軽減する方策、その他、○反対債権者の意向を考慮して、債

(注5)　経済産業省関係産業競争力強化法施行規則第 29 条第 2 項の規定に基づき認証紛争解決事業者が手続実施者に確認を求める事項二(4)参照。
(注6)　なお、事業再生 ADR の前身ともいうべき「私的整理ガイドライン」のQ&A44 では、「再建計画は対象債権者全員の同意により成立しますが、ほとんどすべての債権者が同意したにもかかわらず、ごく一部の債権者の同意が得られない場合において、その債権者を対象債権者から除外しても再建計画上大きな影響が出ない場合は、同意しない債権者を除外して再建計画を成立させることも可能です。」とされていた。ただし、この点に関しては、「この措置はあくまで例外的なものであり、はじめから対象債権者から除外することが認められる趣旨と解してはならないであろう。」田中亀雄ほか編『私的整理ガイドラインの実務』174 頁（長屋憲一）（金融財政事情研究会、2007）とされていた。

務免除に加えて、DES（Debt Equity Swap・債務の株式化）またはDDS（Debt Debt Swap・債務の劣後債務化）という選択肢を加える、などです。これらの対応は、平等性・衡平性の点から問題があることはもちろんのこと、債務者の事業再生の点からも問題と考えられます。

(3) 私的整理と多数決

そのような問題点を踏まえると、事業再生ADRの平等性・衡平性を維持しながら合理的な事業再生計画を成立させるためには、事業再生ADRにおいても、多数決原理を導入することが重要と考えられます。

① 憲法問題

そこで、「事業再生に関する紛争解決手続の更なる円滑化に関する検討会」（以下、「検討会」という）において、2014年3月から2015年3月の1年間、私的整理の多数決について検討してきました。その中では、合理的な事業再生計画に対して一部の債権者が反対した場合に、裁判所の認可によって効力を発生させる仕組みが考えられないかという検討もされました。

しかし、反対債権者の意思に反して債権の権利変更を行う場合、反対債権者の財産権の保障（憲法29条）の問題が生じます。また、事業再生ADRの場合、対象債権が原則として金融債権のみであるため、権利変更を受ける金融債権者と権利変更を受けない商取引債権者との法の下の平等（憲法14条）の問題も生じることになります。

会社更生手続が憲法29条等に反しないか争われた最高裁昭和45年12月16日（大法廷）判決（民集24巻13号2099頁）も、「更生計画は、……綿密な規定に従って関係人集会における審理、議決を経たうえ、さらに裁判所の認可によって効力を生ずるものとし、その認可に必要な要件を……詳細に定めるなど、公正かつ衡平に前記目的が達成されるよう周到かつ合理的な諸規定をもうけている」ことを更生計画によって権利変更がされることが憲法に違反しないことの理由としています。した

がって、反対債権者の保護のためには、手続保障が重要となると考えられます。

② 簡易再生手続の運用改善モデル

これらの判例も踏まえて考えると、合理的な事業再生計画に対して一部の債権者が反対した場合に、裁判所の認可によって効力を発生させる仕組みまで進むためには、手続保障の方法について慎重な検討を要することから、「Ⅲ 将来的な検討課題」ということになりました。

そこで、検討会において、まず「Ⅰ 直近の検討課題」ということで、事業再生ADRで合理的な事業再生計画に対して一部の債権者が反対した場合に、事業再生ADRから簡易再生手続に移行させて、簡易再生手続において、事業再生計画と同じ内容の再生計画について可決および認可決定（確定）を得て、実質的に、事業再生ADRの事業再生計画の多数決による成立を図るという方法（以下、「簡易再生手続の運用改善モデル」という。）を提言するに至りました。

なお、検討会では、「Ⅱ 次なる検討課題」として、民事再生法および産業競争力強化法を改正しての新制度である「迅速再生手続」の制定、「Ⅲ 将来的な検討課題」として、産業競争力強化法の改正による新制度として前述の「裁判所による認可型」も検討しています。

(4) 簡易再生手続の運用改善モデルについて

次に、簡易再生手続の運用改善モデルについてご説明します。

① 概要

簡易再生手続の運用改善モデルは、前述のとおり、事業再生ADRにおいて合理的な事業再生計画に対して、少数の債権者が反対した場合に、民事再生法の簡易再生手続に移行させ、事業再生ADRの事業再生計画と同じ内容を、短期間に、再生手続の再生計画として可決成立させ認可を受けるという方法です。

[個別報告2] Ⅰ 事業再生 ADR 関係の産業競争力強化法改正について

② 簡易再生

簡易再生は、「再生手続開始の申立て前に私的整理が試みられ、相当数の債権者が再建の方向性に基本的に同意しているような場合……には、債権調査の手続等を省略する余地を認めることにより、簡易かつ迅速な手続進行を可能とすることが、再生債務者の事業や経済生活の再生に資すると考えられ」[注7]ることから、制定されました。

事業再生 ADR において、合理的な事業再生計画に対して、少数の債権者が反対している場合は、まさに、「再生手続開始の申立て前に私的整理が試みられ、相当数の債権者が再建の方向性に基本的に同意しているような場合」に該当すると考えられます。したがって、事業再生 ADR から簡易再生に移行させることは、簡易再生の制度趣旨に合致した方法と考えられます。

③ 具体的な手続

簡易再生手続の運用改善モデルの具体的な手続は、次のとおりです。

合理的な事業再生計画に対して、少数の債権者が反対して事業再生 ADR が不成立になった場合、債務者は、速やかに、再生手続を申し立

(注7) 深山卓也ほか『一問一答 民事再生法』(商事法務研究会、2000) 268 頁。
　同書は、簡易再生手続の制度趣旨について、「①再生手続開始の申立て前に私的整理が試みられ、相当数の債権者が再建の方向性に基本的に同意しているような場合や、②中小規模の倒産事件であって債権者の人数が少ない等の事情から、再生手続外で実質的な再建のための合意を得ることができるような場合等には、債権調査の手続等を省略する余地を認めることにより、簡易かつ迅速な手続進行を可能とすることが、再生債務者の事業や経済生活の再生に資すると考えられます。」とする。
　また、花村良一『民事再生法要説』(商事法務研究会、2000) 554 頁は、「相当数の債権者があらかじめ再生債務者等の作成した再生計画案について書面により同意し、かつ、債権調査及び確定手続を経ないことについても同意する旨の意思を表明している場合には、再生計画が成立する蓋然性が極めて高いとともに、利害関係人相互間で権利関係に関する紛争が生じていることや事後的に生ずることとなる可能性が比較的低いと考えられることから、債権調査の手続を省略するとともに、計画の効力に関する規定の一部（権利変更の確定的効力、免責効等）を適用しないものとすることにより、簡易かつ迅速な再生を可能とするためである。」とする。

てる。その後、再生手続の開始決定を得て、債権届出期間の経過後、再生債務者は、速やかに、簡易再生の申立てを行う。なお、簡易再生の申立ては、「届出再生債権者の総債権について裁判所が評価した額の5分の3以上に当たる債権を有する届出再生債権者が、書面により、再生債務者等が提出した再生計画案について同意し、かつ、再生債権の調査及び確定の手続を経ないことについて同意している場合に限り」(民再211条1項)、行うことができるとされています。手続開始後、財産状況報告集会における再生債務者等による報告（民再126条1項）または裁判所への報告書の提出（民再125条1項）、を行い（民再214条2項）、再生債務者等が提出した再生計画案の決議・可決を経て、認可決定を受け、再生計画の認可決定の確定を得る、というものです。

簡易再生での再生計画が、事業再生ADRでの事業再生計画と同じ内容であることによって、実質的に、事業再生ADRの事業再生計画の多数決による成立が図られることになります。また、簡易再生手続の運用改善モデルでは、簡易再生移行後、早期に再生計画案を提出し、簡易再生の申立てを行い、事業再生ADRから簡易再生の申立てまでは非常な短期間で行うことを予定しています。そのため、簡易再生での再生計画は、事業再生ADRでの事業再生計画と同じ内容でないと、非常な短期間での処理は困難と考えられます。

(5) 簡易再生手続の運用改善モデルと商取引債権に関する考慮規定

次に、簡易再生手続の運用改善モデルと商取引債権の保護について、ご説明させていただきます。

① 事業再生ADRの事業再生計画と簡易再生の再生計画の同一性

簡易再生手続の運用改善モデルは、短期間に、事業再生計画と同じ内容を法的再建手続の再生計画等として、法定多数の同意で成立させて、実質的に事業再生ADRの事業再生計画を多数決によって成立させるモ

デルです。したがって、当然のことながら、移行した簡易再生の再生計画（案）は、事業再生 ADR の事業再生計画と同内容であることが前提となります。

② 事業再生 ADR の対象債権と簡易再生の対象債権の違い

　移行した簡易再生の再生計画（案）が事業再生 ADR の事業再生計画と同内容であるためには、事業再生 ADR と簡易再生の対象債権が同じであることが必要となります。

　事業再生 ADR においては、原則として、金融債権のみが対象債権とされます。そのため、商取引債権[注8]は対象債権とされず、商取引債権は何らの権利変更（債務の減免、期限の猶予、その他の権利の変更）もされず、商取引債権の全額が従前の約定どおり支払われることとなります[注9]。その結果、事業再生計画でも、商取引債権は対象債

（注8）　伊藤眞「新倒産法制 10 年の成果と課題──商取引債権保護の光と陰」『新倒産法制 10 年を検証する』（金融財政事情研究会、2011）10 頁は、商取引債権について、「取引の相手方が更生手続開始前に会社に対して事業の継続のために必要な商品を供給し、または役務を提供した結果として取得した金銭債権をいうもの」と定義する。

　なお、上田裕康＝杉本純子「再建型倒産手続における商取引債権の優先的取扱い」銀法 711 号（2010）47 頁（注 1）は、「本稿において対象とする商取引債権としては、まず、商人間の売買に基づく取引債権が挙げられる。商人間の売買とは、『原材料が製品化され、それが小売業者またはユーザーである商人の手に渡るまでの間、加工を加える製造業者または加工を加えず転売する卸売業者等の間で連鎖的に行われる売買である』（江頭憲治郎『商取引法第四版』1 頁（弘文堂））。加えて、事業者間の売買に基づく取引債権、サービス等の提供に基づく取引債権等も本稿における商取引債権に含めることとする。」とする。

（注9）　「事業再生 ADR 制度について」（経済産業省産業再生課、2011.7）の 1 頁「事業再生 ADR のポイント」（http://www.meti.go.jp/policy/jigyou_saisei/gaiyo_adr.pdf）は、「事業再生 ADR は、……主として金融債権者のみを対象とした私的整理手続であり、対象者の全員一致による決議を経て、金融支援（返済条件の変更、債権放棄、債権の株式化）を行うものです。したがって、取引先に対する商取引債権などには影響を及ぼすことなく、事業を継続しながら過剰債務問題を解決し、再生を目指すものです。」としている。

権とされないことになります。これに対して、法的手続では、金融債権のみならず、商取引債権も原則として対象債権とされ、手続外での支払いが禁止され、権利変更の対象となります。

③ 対象債権の同一性と商取引債権に関する考慮規定

そこで、事業再生ADRと簡易再生の対象債権を同じにするためには、簡易再生に移行した後も、商取引債権を弁済して、商取引債権を権利変更の対象債権としないことが必要となります。

前述のとおり、簡易再生（を含む法的倒産手続）においても、商取引債権の保護がなされ、簡易再生に移行した後も、商取引債権を弁済することが可能な制度はあります。しかし、前述のとおり、法的再建手続においては、商取引債権保護の予見可能性が高いとは言いがたい面があります。

そこで、法的再建手続へ移行した場合にも、商取引債権が保護される予見可能性を高めて、事業再生ADRの事業再生計画と法的再建手続の再生計画等の対象債権を同じにし、計画内容を同じ内容として、事業再生ADRの事業再生計画を、実質的に多数決によって成立させることを可能とするために、商取引債権に関する考慮規定が制定されました。

④ 事業価値維持の観点からも商取引債権に関する考慮規定は重要

また、事業再生ADRから簡易再生手続（法的再建手続）へ移行した場合の事業価値維持の観点からも、商取引債権に関する考慮規定は重要となります。

　　ⅰ）　事業再生ADRにおける商取引債権の扱い

事業再生ADRにおいては、商取引債権を対象債権としないことによって、事業価値の維持が図られています。

ところで、事業再生ADRでは、原則として、事業再生ADRを行っていることは公表されません[注10]。そのため、事業再生ADRにおいては、多くの場合、商取引債権者（取引先）は、事業再生ADRが行われ

個別報告2　Ⅰ　事業再生 ADR 関係の産業競争力強化法改正について

ていることを知らないまま、従前どおり取引を継続することになります。

　また、事業再生 ADR を行っていることを開示したような場合(注11)においては、商取引債権者（取引先）に対しては、商取引債権は約定どおり全額弁済される旨を説明して取引の継続を依頼し、商取引債権者（取引先）も、商取引債権は約定どおり全額弁済されることを信頼して取引を継続することになります。

　　ⅱ）　簡易再生への移行の場合の商取引債権の保護と事業価値の維持

　以上のような状況にもかかわらず、事業再生 ADR から簡易再生（法的再建手続）に移行した場合に、「商取引債権も権利変更の対象となり、債務の減免等の対象」となったのでは、取引の停止や取引条件の悪化を防止して事業価値を維持することは困難となります。

　事業再生 ADR を公表していなかった場合には、商取引債権者（取引先）からは、事業再生 ADR を行っていることを秘匿して取引を継続したのは不当であるとの非難を受けることになります。また、事業再生 ADR を行っていることを公表していた場合には、商取引債権は約定どおり全額弁済される旨の説明を信頼して取引したのに信頼を裏切られたなどの非難を受けることになります。その結果、企業の信用や取引

(注10)　事業再生 ADR は、実務上は、「公表により事業再生に著しい支障が生じるおそれがあるとき」（経済産業省関係産業競争力強化法施行規則第 29 条第 2 項の規定に基づき認証紛争解決事業者が手続実施者に確認を求める事項二(3)(ⅰ)）に該当するとして、密行して行われるのが原則である。

　山宮慎一郎「事業再生 ADR 手続の流れ」事業再生実務家協会・事業再生 ADR 委員会編『事業再生 ADR の実践』（商事法務、2009）57 頁は、「私的再生手続である事業再生 ADR 手続では、債務者が金融支援を求めようとしていることや事業再生計画の内容について、公表されることなく一定の金融機関の間だけで秘密を保持することができる（ただし上場企業の場合、事実上適時開示が求められている）。」とする。

　したがって、取引先（商取引債権者）は、事業再生 ADR に入ったことを知らないことも多い。

(注11)　対象債務者が上場企業である場合等には、適時開示の関係で、事業再生 ADR に入ったことを開示することが通常であり、事業再生 ADR に入ったことが公表されることとなる。

先との信頼関係が大きく損なわれ、事業価値の毀損につながることとなります[注12]。

　　ⅲ）　法的再建手続移行後の商取引債権保護の必要性

　したがって、事業価値維持のためには、事業再生 ADR 中の商取引債権については、簡易再生手続等の法的再建手続への移行後も保護することが必要となります。商取引債権が保護されることが予見できないと、事業再生 ADR から法的再建手続へ移行した場合に、（商取引債権を支払って）事業価値が維持できるかが予見できなくなり、円滑な移行も困難となります[注13]。

　このように、商取引債権に関する考慮規定は、事業再生 ADR の多数決化にとどまらず、事業価値を維持する観点からも重要な意味を有すると考えられます。

　以上、商取引債権に関する考慮規定について、概要をご説明させていただきました。

（注12）　柴田多ほか「林原グループの事業再生 ADR 申請の経緯及び更生手続申立の経緯」金融法務事情1952号（2012）19頁は、「事業再生 ADR が先行する場合には、取引業者に対して、事業再生 ADR においては権利変更の対象でないため従前の取引条件での取引継続を依頼しながら、会社更生になってこのような取引業者の商取引債権を毀損させることになれば、事業継続に与える影響がとくに大きい。また、会社更生移行後に商取引債権が保護されないとなれば、ひいては事業再生 ADR の申請時点において、取引業者との取引が停止されたり、取引条件の変更や債権保全策を講じることを迫られたりして、事業再生 ADR による再建も困難にしかねない。」とする。

（注13）　松嶋英機「事業再生 ADR から法的整理への移行に伴う諸問題」東京弁護士会倒産法部編『倒産法改正展望』（商事法務、2012）89頁は、「事業再生 ADR から民事再生手続または会社更生手続へ移行した場合の商取引債権の保護」に関して、「事業再生 ADR は対象債権者である金融機関以外には秘密裏に行うので、商取引先は債務者を信用して取引を継続し、事業価値を維持し、金融機関の利益のために貢献してきたといえるのである。もし、商取引債権者が保護されないとしたら事業再生 ADR の信用が大きく毀損することは明白であり、これは JATP（認証紛争解決事業者である事業再生実務家協会）としては受け入れ難いのである。」とする。

個別報告2 私的整理から法的整理への連続性
2 法的整理への連続性からみた私的整理計画案の問題点

弁護士　多比羅誠

1　はじめに

　事業再生 ADR から民事再生・会社更生への移行の際の商取引債権の保護を確実にする方策として、考慮規定を創設した産業競争力強化法改正法（59条ないし65条）が平成30年5月16日成立した。

　この改正は事業再生 ADR 手続と民事再生・会社更生の連続性を高め、迅速かつ効率的な事業の再生を企図するものである。この改正による効果は、準則型私的整理全体に及ぶものと思われる。

　前記改正を提言した「事業再生に関する紛争解決手続の更なる円滑化に関する検討会報告書」[注1]は、前記改正がなされ、既存の簡易再生手続の運用改善をするならば、「事業再生 ADR における決議会議から約1か月程度で、再生計画の認可決定がなされ、2か月で効力発生に至ることも可能と想定される」としている（同報告書33頁）。

　筆者が検討した簡易再生の運用改善によると、私的整理が不成立となった日の3日後に再生手続開始の申立てをした場合には、不成立の日から6週間で再生計画の認可決定がなされると想定している[注2]。

　一部の反対により不成立となった私的整理計画案について、1か月な

（注1）　2015年3月公表（商事法務研究会）。
（注2）　多比羅誠「簡易再生の実務運用改善提言」事業再生と債権管理152号（2016年4月5日）70頁。

第2部　中小企業の事業再生の今後

多比羅誠氏

いし1か月半で簡易再生により再生計画案として認可決定までもっていけるか否かのポイントは、私的整理計画案をそのまま、あるいは若干の修正により、容易に簡易再生の再生計画案に転用できるかどうかであると思う。

そこで、私的整理計画案を法的整理（会社更生、民事再生）の計画案に、容易に転用できるかを実例にあたって検討してみることにした。法的整理計画案はほとんど債権カット型であることから、私的整理計画案も債権カット型に限定した。

この検討にあたっては、中小企業再生支援全国本部　藤原敬三氏からのご協力・貴重なアドバイスによるところが大きい。

2　私的整理計画案を法的整理計画案に転用する場合の問題点

(1)　登記留保担保

私的整理計画案では、登記留保中の担保権を正式の担保権として取り扱っているが、対抗要件を具備していない以上、法的整理計画案では、担保権として扱うことはできない。

私的整理の手続中に対象債権者全員の同意を得て対抗要件を具備させておくことができれば、問題は解決するが、法的整理への移行後は、困難である。

(2)　リース債権

リース債権については、私的整理計画案では、原則として、対象債権とせず、約定どおり全額弁済している。しかし、会社更生では、ファイ

ナンス・リースを更生担保権として扱っているため、そのまま、会社更生計画案に転用することはできない。他方、民事再生は別除権となるので、簡易再生の計画案に転用することは可能である。

簡易再生手続において、担保権者と債務者会社とが合意した担保権の評価額を、特に不合理でないかぎり、そのまま尊重できるならば問題は解決するが、監督委員や裁判所がそれを容認するかどうか、不明である。

(3) 物上保証による弁済充当の時期

私的整理計画案では、経営者個人がすでに提供していた担保物件を私的整理計画案において換価して担保権者に弁済する場合、債務者会社からの弁済より前に充当し、債務者会社の計画弁済は、物上保証による弁済後の残債権部分に対して行われているケースがある。

法的整理計画案では、このような取扱いについては、不利益を受ける当該担保権者から、物上保証による弁済後の残債権に対して、債務者会社からの計画弁済でよい旨の同意を得ておく必要がある。

(4) 保証の有無を問わない経営者の私財による弁済

私的整理計画案では、経営者からの非担保物件による私財提供を保証をとっている債権者か否かを問わず、対象債権者であるすべての金融機関に対し、プロラタで弁済し、その上で、債務者会社は非保全債権部分を算出し、計画弁済をするケースがある（支援協議会手続では、このようなケースが少なからずあるようである）。

法的整理計画案では、経営者は債務者会社に私財提供し、債務者会社がプロラタ弁済をするという構成にする必要があろう。

(5) DDS の取扱い

私的整理計画案では、債権放棄と DDS とを同じ比重で考え、ある債権者には 1,000 万円の債権放棄を求め、別の債権者には、同じ 1,000 万円については、15 年後の一括弁済の DDS を求めていることがある。

法的整理計画案では、一方のみを押し付ける弁済案は債権者平等に反するおそれがあり、先ほどの例の場合、債権放棄とDDSを各債権者の選択に委ねる方式にすべきであろう。そうした場合、私的整理で予定した債権者より多くの債権者がDDSを選択し、将来の資金繰り計画に影響しないかの問題がある。

3　対応策

　私的整理計画案を容易に法的整理計画案に転換できないケースが少なからずあることが判明したが、そのことの遠因は、金融実務と法的整理実務との違いからではないかと思う。

　金融実務では、中小企業の場合、会社の資産と経営者の資産とを総合して、会社の実質的資産とみているように思われる。つまり、会社と経営者個人とを事実上、一体として扱っているのではないか。支援協議会手続をみていると、特にそう感じる（「中小企業特性」概念等）。中小企業に対する金融実務では、経営者個人の保証がますます欠かせないことにならないか。

　他方、法的整理においては、法人と経営者個人とは形式的にも実質的にも別人格であることを前提にしている。

　いまや、私的整理は、法的整理とは別の世界を作っているように思われてならない。その結果、私的整理が不成立になり、法的整理を申し立てた場合、通常、ゼロからの出発となる。私的整理で行ってきたことが、法的整理で役に立たなければ、私的整理で費したエネルギー、コスト、時間が無駄になる。法的整理で活かされるならば、事業再生は迅速かつ低廉になる。

　金融実務の常識と法的整理実務の常識を共通化させるべきと思う。そのためには、金融実務に関与する者と法的整理実務に関与する弁護士・公認会計士とがもっと交流し、意見交換することがよいのではなかろうか。お互いに、私的整理のよさ、法的整理のよさを取り入れ、共通の常

[個別報告2] ②法的整理への連続性からみた私的整理計画案の問題点

識の下にそれぞれの手続を実施するならば、共通目的である事業再生が、迅速かつ利害関係人により満足のいくよう進められるのではないかと思っている。

第3部

本シンポジウムによせて

第3部　本シンポジウムによせて

> コメント
本日のシンポジウムの意義と課題

専修大学法学部教授・慶應義塾大学名誉教授　中島弘雅

　専修大学の中島弘雅です。
　ただ今、司会進行の富永浩明先生から少しお時間をいただきましたので、私のほうから、本日のシンポジウムの内容について、10分ほどコメントさせていただきたいと思います。
　昨年5月に本日このテーマでシンポジウムを開催することが決まったということで、私も本機構の理事の一人として、1年間このシンポジウムの準備会に参加させていただきました。その関係で、本日のシンポジウムの意義と課題について、若干のコメントをさせていただきます。

　まず第1部パネルディスカッションの前半部分についてです。
　従来、われわれはどちらかというと、事業再生というものにのみ目を向けていたようなきらいがあるかと思います。しかし、本日、ご登壇いただいた宇野俊英様から、中小企業の経営者が急激に高齢化しているという事情の中で、むしろ、いま重要なのは、事業承継の問題であるということを、準備会の比較的早い段階でご指摘いただき、私としてもこの間大いに勉強させていただきました。また、事業承継に際して、信託が有用であるという金森健一先生のご報告は、とても興味深く拝聴し

中島弘雅氏

コメント　本日のシンポジウムの意義と課題

ました。

　そうした中で、本日は、特にわが国の事業承継の現状、それから手法等をご紹介いただくとともに、このたび、事業承継をやりやすくするために事業承継税制が改められたということを受けて、新しい事業承継税制の要点や留意点を、植木康彦先生をキャップとする税務チームの先生方からご紹介いただき、とても参考になったと思います。特に事業承継にあたっての税負担が重荷になって経営破綻するということもありえますので、本日は、きわめて有益な情報提供をいただいたものと考えております。

　次にパネルディスカッション後半についてです。
　まさに経営者保証の問題が事業承継の足かせになっているということが、従来から多くの実務家によって指摘されてきました。この問題に対して、本日、髙井章光先生から、現行の経営者保証ガイドラインのQ&Aの考え方では対応が不十分であるとして、新しい経営者になるべく負担をかけないようにするための改正私案が示されました。これは、大変重要なご提言だと感じました。
　ただ、本日配布された資料の中に、中小企業再生支援協議会が関与した経営者保証ガイドラインの利用実績に関する各都道府県別のデータがありますが（【資料44】95頁）、このデータに関してどうしても指摘しておきたい点があります。
　それは、本日ご登壇いただいた獅子倉基之様の埼玉りそな銀行のある埼玉県では、経営者保証ガイドラインの利用件数が非常に多いのですが、これは事業承継の局面で積極的に銀行が経営者保証ガイドラインを意識していることの証左だと思います。ところが、鹿児島県ではガイドラインの利用件数が1、沖縄県は0、宮城県も0となっています。これは、県ないし地域によって経営者保証ガイドラインに対する銀行の理解がまるで異なっているということを表しています。
　経営者保証ガイドラインが現に存在するにもかかわらず、ガイドライ

ンに非協力的な銀行・金融機関に対して、どのように理解をしてもらうのかが非常に重要なのではないかと思っている次第です。

　それから、もう1点、指摘しておきたいことがあります。

　私自身は、経営者保証ガイドラインが公表されたときから、経営者保証ガイドラインが実務で定着するためには、実は、現在一般に行われている不動産担保融資や経営者保証に代わる新しい担保制度がセットになっている必要があるのではないかという観点から、まさに経営者保証に代わるものとしてABL（Asset Based Lending）に注目してきました。そのため、諸外国には、ABLと同様の機能を持つ制度としてどのようなものがあるかといったあたりについても、研究を進めてきました。

　ところが、わが国では、ここに来てABLをどのように定着させていくのかといった点について、あまり活発な議論がなされなくなったように思います。つまり、経営者保証ガイドラインを支える1つの柱であったはずのABLの普及という話が、まったく話題に上らなくなったということに、非常に強い危機感を持っています。

　私としては、このABLの発展・普及という点も同時に推進していかないと、事業承継の局面で、旧経営者の保証をはずしたり、新経営者について保証をとらないといった実務は定着していかないのではないかと思います。

　その意味で、事業承継の問題を検討する際には、ABLの普及という問題も一緒に検討する必要があるのではないかと感じているところです。

　続いて、第2部の個別報告についてのコメントに移ります。

　本日の藤原敬三様と加藤寛史先生のお話を総合いたしますと、中小企業再生支援協議会は、当初は主に事業再生の局面で役割を果たしてきたが、途中から、事業再生だけでなく、もっと広く事業承継の局面でも大きな役割を果たすようになったということかと思います。そして、また、そのこと自体は、とても重要なお仕事だと思います。

　ただ、この点に関して、私自身は従来から、中小企業再生支援協議会

| コメント | 本日のシンポジウムの意義と課題

による再生支援が、実はゾンビ企業の延命策になっている場合があるのではないかというきびしい指摘をしてきました。これに対して、本日の藤原様のご講演は、決してゾンビ企業の延命策になっているわけではないということを、数字を挙げて示されたものと理解しました。たしかに、そのとおりなのかもしれません。

　ただ、藤原様が調査対象とされた時期は、平成15年から18年であり、その間に、中小企業再生支援協議会が再生支援を完了した案件数となっています。この時期は、割合きびしい基準に従って再生支援が行われた時期だと思います。

　ところが、ご案内のように、実はその後、政府から、年間の再生支援件数を3,000件に上げろという圧力がかかり、再生支援件数が、一気に年間2,500件近くまで増えました。この時期に再生支援が行われた会社が現在どうなっているのかという点に関するデータはまだ公表されていないと思いますが、実はこの時期の再生支援の中身が問題なのではないかと思っています。

　政府の圧力で支援案件数が増えたものの、その中には中小企業再生支援協議会手続を使う必要がないものがたくさん含まれているのではないかと私は思っています。したがって、今後、この時期の再生支援案件についても、同様にデータを公表していっていただけるとありがたいと思っている次第です。

　それから、藤原様から、中小企業版私的整理ガイドラインを策定すべきだとのご提案がありましたが、私はこのご提案には賛成です。ただ、藤原様もご講演の中で触れておられたように、経営者にとって新しいガイドラインを利用することによるメリット（アメの部分）を、どこまで盛り込めるかという点がとても重要だろうと思います。要するに、経営者が進んで使いたいと思うような内容にしないと、なかなか定着しないのではないかと思います。金融機関としても、経営者を新しいガイドラインに仕向けるような体制作りが必要ではないかと思います。

最後に、私的整理から法的整理への連続性の問題についてコメントをさせていただければと存じます。

　従来、準則型私的整理が頓挫した場合には、民事再生や会社更生、あるいは特定調停等の手続がその受け皿として使われてきました。今回の産業競争力強化法の改正によって、私的整理から簡易再生へ移行した場合の事業再生がスムーズに行くことになるのではないかと思います。

　ただ、以前から、わが国の裁判外の事業再生を研究していて、ひとつ気になっている点があります。私自身は、これまでイギリスの事業再生の仕組みを研究してきましたが、イギリスの事業再生の仕組みと日本のそれとを比較していて感じるのは、イギリスには、いわゆる法的整理的な手続、私的整理的な手続、それからそもそも倒産手続には分類されない会社法所定の手続（具体的には会社整理計画 scheme of arrangement）までもフルに動員し、要するに、私的整理、法的整理の垣根を越えて、事業再生のために使えるものは何でも使うという仕組みがあって、それが非常にうまく機能していると私は理解しています。

　ところが、日本の場合は、どちらかというと私的整理か、さもなくば法的整理かという傾向、さらにいえば、本来、法的整理でやるべきものまでが私的整理に流れているといった傾向があるように思います。わが国の私的整理ガイドラインは、イギリスのロンドン・アプローチを起源としていますので、イギリスは、わが国の裁判外事業再生スキームの母法国だと私は理解しているのですが、本日の多比羅誠先生のご報告にもありましたように、当事業再生研究機構としても、法的整理と私的整理との連続性をどのように確保するかという問題について、さらに検討を続けて行く必要があるのではないかと感じています。

　私のコメントは、以上です。
　ご静聴、ありがとうございました。

| 総 括 |

閉会の辞

東京大学大学院法学政治学研究科教授　松下淳一

　本日シンポジウムの主催団体である事業再生研究機構の代表理事を務めております松下です。簡単に本日の総括をさせていただきます。

　皆さん長時間にわたり、大変お疲れさまでございました。

　本日のシンポジウムでは、中小企業の事業承継について、深刻な現状の紹介から始まり、円滑な事業承継のための活動あるいは取組みとして、たとえば中小企業事業引継ぎ支援全国本部のさまざまな活動であるとか、事業承継税制についてのかなりドラスティックな改正等の紹介がありました。このさまざまな活動、取組みの根底にあるのは、中小企業が日本の経済を支えているという認識、そして社会的に有用な技術やノウハウの相当割合が中小企業に帰属しているという認識であろうと思います。

松下淳一氏

　シンポジウムでは、続けて、経営者保証、およびその経営者保証ガイドラインの実情のご紹介がありました。具体的な事例もいくつかあげられ、問題点、特に新経営者の個人保証の問題点を、リアルに把握できたように思います。

　第2部では、私的整理から法的整理への連続性についての報告が2つ

第3部　本シンポジウムによせて

ありました。

　順番は逆ですが、富永報告では、先日成立したばかりの産業競争力強化法の改正内容とその意義についてのご説明がありました。

　多比羅報告で私が興味深いと思ったのは、私的整理計画案を法的整理計画案に転換するのに困難を生ずる原因として、金融実務と法的整理実務との乖離があるというご指摘でした。法的整理実務は現行倒産法に基づいて行われているということですので、現行倒産法が金融実務における経済合理性とずれているのではないか、というご指摘と理解すべきではないかと考えます。そうだとしますと、理論を考えるのが仕事の研究者にとっては、大変重いご指摘をいただいたと感じました。

　本日のシンポジウムは文字どおり盛りだくさんでして、問題を絞って深く検討するというよりは、どこにどのような問題があるのかを俯瞰するというシンポジウムであったと思います。本日は時間の制約ゆえに語れなかった一歩深い検討は、このシンポジウムの記録ともなる書籍においてなされることになるだろうと思います。

　本日のシンポジウムでは、いくつかの提言もありました。

　最も包括的なご提言は、第2部の中小企業版私的整理ガイドラインの制定についてでした。また、経営者保証ガイドラインのQ&Aの追加というご提案もありましたし、さらに、事業承継の際に旧経営者の保証を残しつつ、新経営者の保証も徴求するという実務を見直すべきではないか、というご指摘もありました。

　今後は、これらのご提言をめぐって、本日ご出席の皆さまを含めた関係各所で、さらに議論を重ねていただいて、具体化に向けた検討を行うことが必要であると考えます。ここは大いに期待したいところだと思います。

　以上をもちまして本日の総括とさせていただき、あわせて閉会の辞にかえさせていただきます。

　皆さま、どうもありがとうございました。

|その後|

シンポジウムを終えて

事業再生研究機構代表理事／東京大学大学院法学政治学研究科教授　**松下淳一**
事業再生研究機構代表理事／弁護士　**小林信明**

1　アンケートの結果の概要

　シンポジウム当日は、例年と同様に、来場者を対象としてアンケートを実施した。
　アンケートには、来場者の満足度や開催日程の当否等を尋ねる項目もあり、これらは来年度以降のシンポジウムの内容や開催の態様等を検討する上での、当機構の内部資料とする趣旨であった。他方で、アンケートには自由記載欄もあり、そこに記載された回答に目を通しているうちに、来場者がシンポジウムのどの辺に興味を持ったか、ひいてはシンポジウムが喫緊の社会的な問題意識をどこまでフォローできたのかの概略を公にすることにも、意義があるのではないかと考えるに至った。

　第1に、全体のテーマに関しては、中小企業の経営者の高齢化の進展という目下の状況において、「中小企業の事業承継というテーマはタイムリーであった」、「実務家として情報収集を十分にできた」という回答が複数あった。また、「法律論のみならず、税務や金融に関する論点もバランスよく取り上げられていた」という回答もあった。これらの回答からは、テーマの意義と必要なアプローチとを読み取ることができよう。

　第2に、個別のテーマとしては、中小企業版の私的整理ガイドラインの提言への関心の高さが群を抜いていた。ガイドラインのあるべき姿に

ついて具体的な素案を示した回答すらあった。また、経営者保証ガイドラインの見直しや事業承継税制の改正についても、多くの回答者が興味深かった内容としてあげていた。

2　今後に向けて

　以上のようなアンケートの回答の集計結果も踏まえて、当機構の執行部の間では、中小企業の事業再生と事業承継との交錯について研究を続けることが適切かつ必要である、との認識を共有するに至った。

　具体的には、前述のように、中小企業版の私的整理ガイドラインの提言について来場者の関心がきわめて高かったことから、本年度（平成30年度）に、ガイドラインの中身について具体的な検討をいっそう進めるための研究会を機構内に組織して、研究を発展させつつ継続することとした。

　この研究がある程度まとまったら、来年度の機構のシンポジウムまたはそれ以外の適切な場において、研究の成果を公表できればと考えている。

〈資料〉

■事業再生研究機構とは

　事業再生研究機構（以下、「本機構」という）は、倒産・事業再生分野の研究・意見交換の場として、2002年3月に設立された任意団体です。

　設立当初より行政・司法当局、法曹界、学界、実務界などに属する多面的分野の会員を擁し、研究者、弁護士・公認会計士・税理士等、金融機関・ファンド・事業会社の実務担当者など多種多様な職種から構成される専門家集団として、さまざまな活動を行っています。

1　沿　革

　2001年4月、民事再生法施行1年間の実績を検証するシンポジウム「民事再生手続の運用はどうあるべきか―施行1年間の実績を踏まえて」が開催されました。本シンポジウムは、民事再生手続に携わる関係者が一堂に会し、手続の改善点や問題点について率直に意見を交換し、制度の適正かつ効果的な定着を目的とするものでした。

　後日このシンポジウムにおける有志メンバーが核となり、人材を広く募り組成されたのが本機構です。

　本機構は、2002年3月16日に設立総会を開き、あわせて開催された設立記念シンポジウム「会社更生法の改正」は、当時立法過程にあった新しい会社更生法についてさまざまな視点から議論を行うものでした。このシンポジウムでは、弁護士や研究者はサポーター役に回り、金融機関等の企業実務家が講演者を務めるという、後の本機構の性格を端的に表す方式で行われました。

2　組織の概要

　規約上、本機構には、運営に関する重要事項を決議する総会（通常総会・臨時総会）および理事会の2種の会議があり、役員として2名の代表理事、若干名の理事および若干名の会計監事を置くこととされています。

　なお、設立以来、本機構の事務局は株式会社商事法務内に置かれています。

3　会員の概況

　本機構は、正会員および賛助会員、名誉会員より構成されています。

第3部　本シンポジウムによせて

　正会員は「倒産又は事業再生の研究又は実務の発展に寄与できる」個人です。賛助会員は「本機構の事業に寄与すると認められる」個人または団体であり、その代表登録者を正会員とみなします。
　入会にあたっては、正会員2名の推薦を得て、理事会の定める方式に従って申込みを行い、理事会の承認を得る必要があります。
　弁護士、公認会計士、税理士、不動産鑑定士や、行政・司法当局担当者、また国内・外資系金融機関、事業再生ファンド・PEファンド、コンサルティング会社に属する実務担当者など、事業再生分野を牽引するバラエティに富む専門家が個人の資格（正会員）で、また事業再生の一線で活躍する多くの会計事務所、事業会社、金融機関が組織としての資格（賛助会員）で参加していることが本機構の特色です。

4　事業目的

　本機構は、「倒産又は事業再生に関する分野の研究又は実務に携わる者の相互の意見及び情報の交換、並びに倒産又は事業再生に関する国際協力を促進すること」を目的として（規約第3条）、研究会・講演会・シンポジウム等の開催をはじめ、これら研究成果の一部を公表するとともに、他方では、立法・政策に対しても積極的に意見提出するなど、種々の活動を行っています。

5　活動内容・公表成果

　このような活動の中核として、本機構では、事業再生分野における実務と理論を架橋すべく、目的に応じて個別の委員会が設置されています。
　個々の委員会では、必要に応じて会員内外にアンケート調査を実施するなどより広範な意見を成果に反映させるとともに、検討内容や成果について会員参加型の検討等や外部講師を招いた解説会を適宜開催し情報を共有しています。
　また、当機構が主催するシンポジウムは、その時々の事業再生のトピックを扱うものであり、情報の鮮度・精度の高さにおいて常に内外から注目されています。
　こうしたまとめられた研究成果は、本ホームページ上で公表されているほか、一部は単行本（事業再生研究叢書、別冊NBL）・雑誌記事として公刊されています。

〈資料〉

■機構主催シンポジウム一覧

中小企業の事業承継と事業再生	2018年5月26日㈯／ルポール麹町
新しい契約解除法制と倒産・再生手続	2017年5月27日㈯／ルポール麹町
債権譲渡法制に関する民法改正と事業再生―債権法改正によって資金調達は容易となるか	2016年5月28日㈯／ルポール麹町
事業再生における望ましいスポンサー選定のあり方	2015年5月23日㈯／ルポール麹町
再建手法の変化と更生実務の新たな展開	2014年5月24日㈯／マツダ八重洲通ビル
金融実務からみた事業再生の課題	2013年5月25日㈯／マツダ八重洲通ビル
事業再生と金融実務からの債権法改正	2012年5月26日㈯／エンパイアビル
事業再生と社債	2011年5月28日㈯／エンパイアビル
債権法改正と事業再生	2010年5月29日㈯／エンパイアビル
民事再生法10年－過去・現在・未来	2009年5月28日㈭／駿河台記念館
事業再生・再編と利益相反	2008年5月27日㈫／駿河台記念館
ABL（AssetBasedLending）の現状と課題	2007年5月25日㈮／駿河台記念館
事業再生と新会社法・証券取引法	2006年5月24日㈬／学術総合センター
M&A-ファンドの役割を中心に	2005年11月29日㈫／全国都市会館
会社法の現代化と事業再生	2005年5月28日㈯／経団連会館
倒産法制の動向と中小企業の再生	2004年11月27日㈯／全国町村会館
事業再生の新しい視点	2004年5月29日㈯／日本教育会館
プレパッケージ型事業再生の現下の課題	2003年11月29日㈯／お台場TFTビル
新しい会社更生法の実務	2003年5月24日㈯／東商ホール
事業再生の担い手－ターンアラウンド・マネジャー	2002年12月10日㈫／笹川記念会館
事業再生の新たな手法	2002年9月14日㈯／弁護士会館クレオ
設立総会・シンポジウム「会社更生法の改正」	2002年3月16日㈯／都市センターホール

第3部　本シンポジウムによせて

■事業再生研究機構編書一覧

〈事業再生研究叢書17〉	『中小企業の事業承継と事業再生』	（2018年11月）
〈事業再生研究叢書15〉	『債権譲渡法制に関する民法改正と事業再生』	（2017年9月）
〈事業再生研究叢書14〉	『事業再生におけるスポンサー選定のあり方』	（2016年4月）
〈事業再生研究叢書13〉	『新・更生計画の実務と理論』	（2014年6月）
〈事業再生研究叢書12〉	『事業再生と社債――資本市場からみたリストラクチャリング』	（2012年3月）
〈事業再生研究叢書11〉	『事業再生における税務・会計Q&A【増補改訂版】』	（2011年4月）
〈事業再生研究叢書10〉	『平成22年度税制改正対応　清算法人税申告の実務』	（2010年9月）
〈事業再生研究叢書9〉	『民事再生の実務と理論』	（2010年6月）
〈事業再生研究叢書8〉	『ABLの理論と実践』	（2007年12月）
〈事業再生研究叢書7〉	『事業再生における税務・会計Q&A』	（2007年6月）
〈事業再生研究叢書6〉	『更生計画の実務と理論』	（2004年6月）
〈事業再生研究叢書5〉	『事業再生ファイナンス』	（2004年3月）
〈事業再生研究叢書4〉	『プレパッケージ型事業再生』	（2004年3月）
〈事業再生研究叢書3〉	『新会社更生法の実務』	（2003年7月）
〈事業再生研究叢書2〉	『新しい会社更生手続の「時価」マニュアル』	（2003年6月）
〈事業再生研究叢書1〉	『事業再生の担い手と手法――ターンアラウンドマネジャー』	（2010年9月）
	『事業再生と金融実務からの債権法改正』	（2013年2月）
	『債権法改正と事業再生』	（2011年2月）
	『新版・再生計画事例集』	（2006年10月）
	『再生計画事例集』	（2002年8月）
	『会社更生法の改正』（別冊NBL64号）	（2001年11月）

中小企業の事業承継と事業再生

2018年11月30日　初版第1刷発行

編　　者	事業再生研究機構
発行者	小　宮　慶　太
発行所	株式会社　商　事　法　務

〒103-0025　東京都中央区日本橋茅場町3-9-10
TEL 03-5614-5643・FAX 03-3664-8844〔営業部〕
TEL 03-5614-5649〔書籍出版部〕
http://www.shojihomu.co.jp/

落丁・乱丁本はお取り替えいたします。　印刷／そうめいコミュニケーションプリンティング
©2018 事業再生研究機構　　　　　　　　　　Printed in Japan
Shojihomu Co., Ltd.
ISBN978-4-7857-2688-1
＊定価はカバーに表示してあります。

JCOPY ＜出版者著作権管理機構　委託出版物＞
本書の無断複製は著作権法上での例外を除き禁じられています。
複製される場合は、そのつど事前に、出版者著作権管理機構
(電話03-3513-6969、FAX 03-3513-6979、e-mail: info@jcopy.or.jp)
の許諾を得てください。